大展好書 好書大展

大展好書 好書大展

社會人智囊

48

改變人心成為贏家

多湖輝／著
沈永嘉／譯

大展出版社有限公司

序

自我上大學以來，始終貫徹如一地探究人類心理的不可思議之處，在這當中，我曾出版了我所研究的成果，並舉出各種實例印證，且淺顯易懂的書。如今回顧已有幾十本之多。

在這些書當中，誠如我特別強調的是：一個人有二個人性面，好像銅板的兩面，且經常交替地顯現出這兩面來。例如有一少年單看其外表是中規中矩的，但背地裡卻是一名飆車族的領導大哥，這絕不是什麼稀奇的事。只是大部份的人們在看了此個案之後，均會感到不解，拼命想找出合理的解釋，但往往看走了眼，根本找不到答案。所以想改變人心時，首先需要樹立技巧，並針對此一人類心理的兩面性技巧處理的心理戰略，時而誇獎他，時而責罵他，又時而裝糊塗。但願各位讀者能正面活用本書中所介紹之技巧，來進行豐饒有趣的人生規劃。

多湖　輝

目錄

2 ◆◆◆◆給對方閃躲的一招會改變對方的心情

3 ◆◆◆◆在不知不覺中，對方早已站在我方了
——錯覺的心理技巧……九九

4 ◆◆◆◆有了那句話即可改變對方的心情

5 ◆◆◆◆捧他、罵他、誇獎他

1 立場不同　想法自然不同

環境的心理技巧

◆把「不特定關係」轉變爲「特定關係」的心理技巧——◆

要擁有超強秘密性的共同體驗

任誰都曾經歷過這種人際關係之奧妙，而不管是男女關係或是同性之間的關係，只要擁有共同的經驗或秘密時會加強彼此之連帶關係，且更加鞏固彼此間的親密度。

前些日子應邀參加友人女兒之婚禮，在聽到新娘同事致辭時，我們才知道她在工作職場上人緣頗佳。而我所要說的主題是：原來擁有衆多追求者的她，爲何決心與他步上紅毯另一端的過程。

有一次他們二人開車外出兜風時，發生一樁小車禍，所幸他二人所受之傷均很輕微，不礙事。但從此之後由於掛意對方的傷勢，每日不斷地約會見面，才得以順利迎接今日之佳期。至於「車禍」是件不願意公開的經驗，但這個共同體驗是促使這二人加速親近的催化劑。

由此可見此種「共犯者意識」常把互相認識之男、女，從普通男女關係轉變成爲特定之男女關係，也是時有所聞之事。

這二人的故事，即是在偶然中擁有共同之體驗或秘密的例子。反過來說，我們也可充分期待相同之效果，例如有意圖地犯下小忌諱，或者誘使對方犯規，如此能把對方納爲己有。而在辦公室裡，當女同事犯錯，趁上司尙未查覺之前，幫她化險爲夷。或是在學校考試時，悄悄遞給他一張小抄，像這樣的行爲能製造出二人間不可告人之共同體驗或秘密。至於那共同體驗的秘密性愈高、愈特殊時，其親密度也會愈強。

有一句俗語說：「吃過同一鍋飯」，這話是最能直接了當表示，雙方所擁有的共同體驗愈特別，則當事人擁有愈強烈的伙伴意識。

例如「戰友」此一語彙，對於某一時代的人而言，蘊含有特殊意味，幾乎是除了當事人，別人難以想像到的。

有一個專門借小錢的騙子，其騙術是向素未謀面的對方喊一聲「哇！又見到你了，戰友！」結果順利地借到錢。只要聽對方說：「我們同在○○部隊裡！」就完全相信初次見面的對方，可見此話的份量有多大。像這樣互相擁有共同之體驗，可以使人們向對方以心相許，而建立起特別之關係。

◆把「戒心」轉變爲「放心」的心理技巧——◆

自暴其短，使對方放心

我有一位在雜誌社當記者的朋友，他告訴我一則故事，有一次他要去訪問一位有名的政治家，關於他所鬧緋聞的眞相。那政治家眼見記者來勢凶凶，銳不可擋，於是斯條慢理地說：「我的時間多的是，慢慢來！」說完即優閒地坐在沙發上，那名記者被對方如此態度所阻擋，有如潑冷水一般，不久後，有人端咖啡進來了。

這時發生一件小意外，那位政治家像是怕吃熱食的人，在喝了一口咖啡之後，高喊：「好燙喲！」接著打翻咖啡杯，灑了一地皆是。等收拾好，告一段落後，雙方閒談了一會兒，這次記者注意到那位政治家倒抽香煙，於是提醒對方說：「閣下，您的香煙抽反了！」那位政治家情急之下，又把煙灰缸打翻了。

這位政治家平日在議堂之上登高一呼，其他的議員莫不被他的威風所懾服，但此際卻出現如此窘態，令那名記者頗感意外，據說那名記者曾幾何時意氣風發的挑戰熱情已消失不見，取而代之的是產生些微的親密感。

當我聽到這則故事時，直覺認爲那位政治家的作風在下意識中是玩弄某種手段。因爲人總有這種心理傾向，在看到眼前威風八面的大人物的窘態和弱點時，本來對他所持有的緊張感一下解除了，反而在心理上接受了對方。可見運用此心理傾向，下意圖地自暴其短，可使對方大意而納爲囊中之物。

我還有另一熟人雖沒有這位政治家的知名度響亮，但也是一流企業的董事長，在他任會計部經理時，於上任致辭中自謙：「我最不擅長的是數字，還望各位助我一臂之力。」

據說此話一說，來迎接經理的部屬們一顆忐忑不安的心，一下解除了緊張感。

此事還有續篇呢！當部屬提出文件時，他一副若無其事地指出：「這個數字有問題！」而所指出之處眞是鉅細靡遺，且又一針見血。

久而久之，人人批論他說：「那位經理說什麼不懂數字，其實他懂得才多呢！」結果在短時間內部屬對他的信賴感加深許多。

◆把「強硬的態度」轉變爲「柔軟的態度」的心理技巧——◆

就算被再三地拒絕，也要繼續多跑幾趟

說服工作的首要是無論如何把漠不關心的對方的心，轉移到我方來。例如初次見面的雙方，彼此之間既沒有義理人情，又沒有心理弱點可言的人際關係時，當你說：「買我的商品！」「跟我交往吧！」對方才不會理會你呢！

對於想提高業績的推銷員，之所以會鎖定有緣之人或有義理人情關係之人，主要是因爲他熟知最初之拒絕反應何其強烈所致。例如：「相親」說不定也是扮演消除拒絕反應的角色。

想逮住一個毫無關係人的心其方法之一是，在某一意味上帶給對方的心「如果不關心他，也未免太可憐！」如此的心理負擔。也就是造成「義理」人情之桎梏，而使對方無法輕易拒絕，爲此不管對方拒絕多少次或明白地告訴你：「這樣多跑也是白費心機！」這時你回答：「就算是白費心機也無所謂！」以如此故意地盡對方口中的多

餘的努力，說不定也是方法之一。這也正是俗話所說的「霸王硬上弓」、「強迫中獎」，在這樣強迫好幾次之後，曾幾何時，銅牆鐵壁也會出現破綻了，最後事情就能隨心所欲地進行，也是常見之事。

只要是人，不管是誰，如果周而復始地被受託於人，便逐漸會形成心理負擔，雖然剛開始非常狠心地拒絕對方，但後來也會產生「對對方不好意思」之心痛，接著強硬的態度會慢慢軟化，最後就會產生等他下一次來時，我就好好聽他的話之心情。

當然，如果在委託再三之後，也有可能使對方態度產生強硬的負面關係，因爲對方會認爲你這樣接二連三未免太「失禮」、「厚臉皮」。但只爲了這一點的逆境就宣布放棄了，那是根本不可能改變人心的。更何況生氣、賴皮，你一句我一句的唇槍舌箭，以前的努力全都泡湯了。

在遇到此逆境時，要道歉認錯說：「對不起，我錯了！」當場先行退出，我們並不難想像我方勢態擺得愈低，對方愈會後悔當時眞不該罵他、虧待他，一旦對方在心中萌芽：「我眞不該罵他罵得狗血淋頭，如今想想眞有一些不好意思呢！」在這種心情之下，對方的心很快就會轉移到接受你的這一方來。

◆把「不利立場」轉變爲「有利立場」的心理技巧——◆

在辦理交涉時，要比對方早一分鐘到達約定場所

在一開始時要比對方在「心理上」佔有優勢，即是成功的鐵則，也是最單純的心理技巧。至於最普遍的例子，即是比對方早到約定的場所而制敵先機。

我想各位均有過這樣的經驗，雙方約定好，而如果我比對方稍微慢一點到的話，我的心理會膽怯而無法按照自己的步驟去進行交涉。反過來，如果是我方先到達約定場所去等對方時，則會產生心理上的餘裕，且無形中會有一種優越感。尤其是碰到棘手的對方時，這種傾向將更爲強烈。

有一所大學曾公開發表續招考試，其中有二、三個學系中塡寫志願的學生遠遠超過預料中的人數。那些學生的心裡，說不定忖度著續招考試只有面試而已，我也有考上的機會啊！據說塡志願最多的是教育學系，只預定錄取一百名，而來應考者卻有六千人之多。

要舉辦考試的教育學系的當局被這種場面嚇到了，於是當局召開教授會議研討，有一教授代表發言，要求停止面試，因為衆多的應考生根本無法一日面談口試完畢，校長於是保留了當場回答權並決定馬上檢討。

二天後，數名的教育學系教授接到校長的通知，被告知去面見校長。於是這些期待得到中止面談答案的教授們走向校長室去。

想不到在校長室內看到數名工學系的教授，而且工學系是主張要舉辦口試面談，他們正和校長在討論施行辦法呢！還聽到校長厚著臉皮說：「因為是同樣的問題，所以才召集各位前來一起討論……。」

既然工學系也正面臨相同的問題，眼見工學系要舉辦口試面談，那麼教育學系自難說：「我們教育學系堅持反對……。」

由此可見這位校長把工學系的教授當成「利用工具」，把自己不利之立場轉變為有利立場，漂亮地化險為夷制敵先機。

◆把「小借貸」轉變爲「大借貸」的心理技巧——◆

刻意選在大雨天去訪問對方等，以累積對方心理的小負擔

常聽人們說：「推銷員是靠雙腳來賺錢的！」事實上，他們在不斷被拒絕之後，仍是鍥而不舍地來訪問，雖然告訴他：「我無意購買你的商品，所以你再跑多少趟也是枉費心機！」但是對方仍是精神飽滿地回答說：「不！這是我的工作，請你不要介意，只要聽我說明吧！」看他一副毫不在乎、毫不計較，眉開眼笑地又來了五、六次，任誰都會在不知不覺中被勾起了購買慾。

又有一句話是說：「推銷員要選在下雨天、下雪天去拜訪顧客。」遇到傾盆大雨之日，在看到來訪的推銷員站在大門外，眞拿他沒辦法，明明知道這是他的推銷戰略，但仍不自覺地湧上「在如此壞天氣也來訪問，眞是難能可貴！」之情，也是人情之常呢！

像這種推銷手法可說是技巧利用一個人的「心理上借貸的感情」，雖然當初並無

意購買，但看他來訪問好幾次，總會萌芽出讓對方白費心機的心理層面的負擔或借貸之情。心中難免會想「如果他把花在我身上的時間，用到別人身上，說不定更簡單地賣出商品，我眞是對不起他啊！」於是很難心平氣和的處理這件事。

由此可見，若想獲得對方一大讓步，只要在對方心中累積心理的小負擔即可。

不分古今中外，新聞記者採訪方法中最重視的是在早晨、夜晚出其不意地去訪問。如遇到有窮追不捨之案件或政變等的採訪工作時，只要瞄準事件相關人士或政治家的家，在這些人工作完畢回家的深夜，或是趁他們起個大早，想外出工作的早晨，跑到他們家去等候的戰略。

千萬不要盲目東奔西跑，而改以大多數人在休息的時間，我卻照樣不誤地工作，如此將更有效率地帶給對方心理上的負擔。

所以不妨想想：無論是推銷員或新聞記者，爲了傳遞其熱情，花了許多時間，付出無限體力，我們如果能在日常生活上引進他們的「手法」，事情將更爲順利進行者居多。例如：有一樁小事要拜訪別人時，即使是星期天假日也要西裝筆挺地到對方家裡去訪問，這時身穿休閒裝的對方會覺得有一種借貸的感覺，而答應你的要求。

◆把「敵方」轉變爲「我方」的心理技巧◆

製造出「共同的敵人」而共同併肩作戰

如果出現了共同的敵人，本來敵對的雙方往往會連手共同對抗敵人。例如：大韓航空公司的飛機被俄國擊墜不幸事件發生之初，日本當局所採取的迅速處理資訊，獲得韓國和美國高度的評價，在當時美、韓二國國民對日本並不懷有好感，其中包括了美日的經濟摩擦，及韓國根深蒂固的不信任日本等的感情因素作梗，但這種感情之所以能緩和下來，是因爲出現了共同的「敵人」——俄國所致，而這是在心理上我們可以做此解釋的。

遠在第二次世界大戰中，互相敵對的美、蘇二國共同連手對付日本這個共同的敵人，反觀在日本國內本來是對立的執政黨與在野黨，在面對美、中二國的共同敵人時，卻團結一致協力併肩作戰。

如果想巴結目前對方之敵人時，只要運用此一心理技巧，有意圖地建立起共同的敵人即可。也就是透過建立共同戰線，產生雙方的連帶感。另外誓不兩立的勁敵，也可能爲了一點意外而結成盟友。

有二家競爭激烈之男性雜誌的主編，偶爾在小酒館裡碰面，雖然他們彼此認識，但是因爲他們一向展開激烈地發行數量的競爭，所以二人互相在刺探敵情，當場的氣氛令人掃興。但是想不到當話題轉移到職棒時，卻縮短了二人的距離，本來敵對的二個人，最後卻勾肩搭臂地唱起歌來。因爲在「擊倒巨人隊」的這個共同目標之下，二人的意見相吻合。

我有一個朋友住在社區裡，而在他的上面卻住著一位彈鋼琴的音樂家，他彈琴的聲音往往使他無法寫稿，但如果直接向他抗議的話，因爲每天還要碰面，難免會損及鄰居之情，後來他心生一計，有意地建立起共同的敵人，然後併肩共同作戰。

那共同的敵人是住都局，他們事先協議好一同前往住都局去抗議，理由是因爲住都局的施設不良，使鋼琴聲響徹四鄰，所以該局應付起責任。

結果他們贏得了在鋼琴底下鋪設隔音毯的樣品，並在相關人士到場實際試驗，我那朋友無形中還贏得了限制樓上住戶彈琴的時間。

◆把「平等」轉變爲「優勢」的心理技巧——◆

如果不肯定對方時，就不要叫他的名字

有一位在超級製作人手下工作的電視導播，告訴我一則故事：

「我們老闆（超級製作人）說任何的演員或劇作家，如果在不能去掉『TENO』（日本叫〇〇的傢伙）之時，還不能算是一個夠格的演員或劇作家。雖然是我們花了九牛二虎之力才邀請來的演員，在尚未被肯定實力之前，只能被叫做：『那叫做武田的傢伙（TENO）如何？』或是『那叫吉川傢伙（TENO）有問題？』等，只是用『TENO』來稱呼而已，等到去掉『TENO』，而改爲『武田』、『吉川』的怎麼樣！才能算是獲得共同肯定！」

由此可看出這個超級製作人不肯叫他的部屬武田先生，只肯叫他爲武田這傢伙，刻意保持固定的距離，我們可以解釋爲叫武田的這個人，雖然在部下之間受到肯定，但超級製作人並未宣布肯定，如此才能確定自己和部屬及第三者之間的指揮系統。

我並不曉得那位老闆是否是在本身下意識中所爲，不過這正是一種心理技巧，透過不肯定對方的人格和能力，而在衆人心目中建立起自己是個偉大的大人物的形象。

當然不限此例，對一個人而言，他的名字如何被人看待，跟此人之人格的看待是脈脈相通，具有重要的意味。簡而言之，如果一個人的名字不被別人記住，即表示他這個人不被肯定。

據說在以顧客爲對象的生意中，首要課題是記住對方的名字，這是一種讓顧客本身受到重視之滿足感的技巧。

如果我方想要在和對方的人際關係上常佔優勢時，主要是不肯定對方，假裝不知道對方的名字，將是非常有效的心理技巧。

或是遇到令人心煩的對方，或你想輕忽之對象時，就丟下一句：「你叫什麼TENO來的！」將帶給對方相當大的打擊。

這句話同時還有拒絕的宣言在內，也是告訴他：「你這個人，還不值得我記住你的名字呢！」說了這句話，使對方的存在變得十分渺小，反之，我方的存在會給對方投下既大又恐怖的陰影。

◆把「拒絕反應」轉變爲「接受委託反應」的心理技巧——◆

搶得先機、掌握著對方的感情取向然後使他逆來順受

在實業世界裡，有時需要向對方提供不利之條件，再說服對方使談判一次就能成交。另外，有時還必須把明知對方知道會不悅的內容先透露給他知道，同時還把自己的說法硬塞給對方。

遇到這種情況，應該不會有人會冒昧提出這種令人不悅之話題吧！因爲這話題一被提到，聽者在聽到的那一瞬間起，即感到不悅，而那種不悅感等於是替他的心加上蓋子。不但如此，那種不悅感和怒氣在繼續聽下去的同時，也漸漸膨脹了，因此，對你話中的內容所引起的拒絕反應，也就更加強烈。

這時如果你只是察言觀色，不知所措也不是解決之道，在碰到這種情況時，必須在尚未提出話題之前，先造成對方不致於會墜入不悅或生氣的情緒中的狀況之下，爲此最有效果的方法之一，是搶得對方之先機，把對方可能懷有之感情表露出來，然後

使他逆來順受的作法。

例如，在進入本題之前先說一句：「只要我的話一說出來，就算被罵，我還是要說」、「明知你會感到不悅、生氣……」，對方就不可能輕易地動怒。因爲已被對方刺破洞機，若還生氣的話，未免太孩子氣所致。

再說不管是誰，只要是人，若被別人看透了自己的態度時，心理機制的反應會根據對他的防衛本能朝向：「我才不會受你指揮，照你所說的去做呢！」的方向起作用。

然又會顯現出自尊心，認爲我並非如此「肚量狹小」，對你言聽計從，在以上幾種感情的主宰之下，就算談話的內容再如何的令人不悅，也不會輕易動怒。

所以事先搶得先機，對方當然會懷抱著感情，然後給對方各種桎梏的狀態之下，再進入本題，即使向對方提起不悅或會激怒人的內容，也可使人比較冷靜的接受，因此，可以說先搶得先機，即是把「拒絕反應」轉變爲「接受委託反應」的極高度的技巧，所以愈是易發狂動怒的對方，愈容易駕馭。

◆把「低位」轉變爲「高位」的心理技巧◆

如果想誇耀自己是大人物，進入派對時即佔據一處角落

當我到美國參觀一家公司時，看見辦公桌的配置全部是向前坐的，至於主管上司則坐鎮在角落，從最後面監督全體員工工作的狀況。可是換了在日本的情況，則是全體員工向前坐的個案非常罕見，而幾乎是全體員工的臉都看得見的位置由課長或經理佔住，也就是面對面的坐著。

雖然美、日的方向有所不同，不過老闆的位置都是佔據房間的角落，能總覽全局卻是相同的。雖然我們並不知道什麼時候開始有這個習慣，但能總覽全局的位置，不只是能監視而已，他還可說是取得領導統御的位置，當然這和心理層面上的優越感有關。

因此，形成了對該集團而言，最重要的人物、地位最高的人及領導者總是佔據了最容易總覽大局之角落的習慣。這和自古以來當家中來了最重要的客人時，會請他坐

在背向客廳的壁龕和掛軸的地方坐下來，至於款待的一方則坐在接近出口的位置是相同的理由，所以只要技巧利用此一習慣，引入一個人的深層心理，隨著場地之佔有法，他可以使人比實際上有更大的存在感及有實力感。

像我常參加派對，如果是站著吃的派對時，常可以看到財經界的領導人物或政治家，大多會被一群吹捧者團團包圍住，而以佔據四個角落居多。而中小領導者會到其中最最有力的大老闆那兒去打招呼，再回到自己的角落。至於在擺滿酒菜的中央位置四處閒盪的人們，怎麼看都不是有實力者。尤其是看起來像股東大會上的混混們所參加之派對，如此傾向更爲顯著。

假如你想更加突顯自己的存在，比對方佔在更優勢的地位時，千萬不可坐在令人不安的中央位置上，而要坐在房間的角落位置。

每一家公司都有派系結黨，當你想要選擇自己想投身之派系行動時，其中的選擇要點是千萬不可投向這種老闆，他是無法鞏固自己的角落於站著吃的派對中，要不然連你本身的實力也難免被人低估。

◆把「不同立場」轉變爲「相同立場」的心理技巧——◆

如果想和年輕人或部屬打成一片，必須穿上同樣的服裝

到如今這情況已是司空見慣之事，但在週休二日制尙未普及前，某一公司一到週六，年輕的上班族大多不打領帶來上班，因爲星期六只上半天班，下班後準備要馬上外出去遊玩所致。但是這種帶有休閒味的穿著，對於長年以來習慣穿著三件式西裝上班的中年主管們，簡直是惡評連連。

想不到那家公司的經理在某一個週六，突然脫掉西裝，以年輕人都自嘆不如的時髦服裝來上班。聽說從那天開始，許多的年輕員工紛紛來找這位一向被認爲是嚴謹不拘的經理多方協談。所以千萬不可小看服裝的功用。

這位經理平日跟年輕員工合不來，甚至無法溝通意見，於是他心想在服裝上也要跟年輕員工相配合，斷然在某一週六改變服裝以革新印象。並以此爲契機，使年輕員工對經理產生伙伴意識，而慢慢地向他推心置腹。

服裝是一種自我表現法，大家應記憶猶新，當石原愼太郎先生頭一次投入政界選舉時，身穿白色運動服，手戴白手套，意圖在選民心目中建立乾淨、清新、年輕的形象。又像強烈鷹派的雷根，美國前總統一到休假日則改穿休閒裝到牧場去釘釘子，拚命向全國國民訴求不拘泥於瑣事的人性。而日本新進黨的小澤一郎先生向黨挨挑戰時，最在意的是穿著「樸素的服裝」。

不必多說明這些例子，一般人總會以他的服裝建立起對他的種種形象。這可能是服裝擁有向外表達自己內心的「自我延長」的功能所致，而打扮本來的目的是在外表上以穿著來討人喜歡。

因此，看一個人的穿著就據實地傳遞出他的個性，同一群伙伴會穿相同的服裝，這不外乎向伙伴們傳遞出我和你們具有相同的感情和思想的訊息。

於是常有人技巧地利用服裝帶給人們心理層面的影響，進而塑造出伙伴意識。其中之一個例子，是到了秋天常可看到充斥於街頭巷尾的新兵裝或新進人員裝。又例如到公司參觀的大學生們所穿的服裝，不管他是學運鬥士或劇團青年，幾乎一律穿上新兵裝，可能這也是透過服裝把「不同立場」轉變爲「相同立場」的訴求吧！

◆把「心理長距離」轉變爲「心理短距離」的心理技巧——◆

故意露出破綻，以去除對方的自卑感

在此不妨透露一個小秘密，在我任課於大學時，每到一學年度的開始，也是學生最爲緊張的上課時刻，我會刻意獻醜一番，努力逗學生發笑，例如說：「我的字最醜了，板書更是差勁，我小學時的書法只拿丙級而已！」或是逗逗他們說：「怎麼樣！你們看我打這條領帶會不會顯得太年輕呢？」

只是如此而已，心裡本來緊張的學生心想：「哇！這位教授還在意那些芝麻小事，他還眞是平凡啊！」不但原來的緊張感完全消除了，有時還萌芽出某種優越感呢！

又例如我到外埠去演講時，也會故意在麥克風前打個噴嚏，或一個踉蹌，如此在下意識裡製造一些小窘態，結果反而使緊張到了極點的會場氣氛，頓時輕鬆自如許多。聽衆在我尚未露身手之前，即對我的頭銜及或多或少的知名度提高警覺心，看到我所犯的小窘態會心想：「果然只是一個凡人，難免會有出糗之時。」很快地會對我產生親近感。

如果你的對象擁有自卑感或是提高警覺心或過度緊張時，且又是初次見面想在對談中說服他是何等困難之事。尤其是社會地位或社會之評價明顯有差距時，而站在心理層面劣勢的人難免會怯場或緊張過度，如此對方僵硬的心裡隔閡將愈來愈頑固，且把自我封閉起來，不肯走出來。

若想消除心理的障礙時，重要的是使對方領悟到差勁的並不只是你一個人而已，我也跟你一樣。

據說有一位以大衆情人出名的電視演員，最擅長的一招是告訴女性說：「我一聽到母親味的這句話，就毫無招架餘地！」或是說：「我最笨拙了，甚至連襯衫都穿不好！」以此來刺激對方的母性本能，其意圖是把對方納為囊中之物。

此外，如果是站在心理層面優勢的人，若刻意使用令人莞爾一笑的鄉下方言時，可以使站在劣勢的對方，對他產生放心感，一下子使心理層面的距離縮短許多。例如：今日仍刻意使用方言的演員，其意圖是想儘量縮短與影迷之間的心理距離而已。

◆把「問題兒童」轉變爲「資優兒童」的心理技巧——◆

不要直接去說服他，而是派他去說服別人

據說不良少年形成問題的校園裡，一向嘗試刻意派給問題學生班代表或全年代表等職務，而使他改邪歸正。例如，某學校委託一位所謂的問題學生派任爲班代表，並請他去說服其他的問題學生到校上課，結果來學校上課的正是那位被委派爲班代表的學生。

美國心理學家惠丁佳（Festinger）曾做過一個有趣的實驗，首先派給全班學生做一些既無聊又無趣的工作，等工作完畢先放回一半的學生，然後對留下來的另一半學生說：「現在，有一群學生在另外一間教室，等著要做你們做過的事，此刻我要你們去告訴他們，你們所做過的工作是多麼快樂又有意義！」那些受託的學生雖然對於要扮演說服角色感到很無奈，但也只得把那無聊的工作說成很快樂。

第二天，全班學生聚集於一堂，問及對於那件工作之感想，結果當場回家的學生

異口同聲說：「好無聊！」想不到扮演說服角色的學生，幾乎都改變態度說：「很快樂！」

也許你會想眞是豈有此理，但這叫「認知層面的不協調」，這理論的內容是一旦思考和行動互相矛盾時，人們就會傾向於把行動遷就思想。擔任說服任務的學生，在經過扮演第三者而誤以爲自己眞的是由衷地感到快樂，於是在無意識中把感覺上的判斷，遷就自己所扮演之行動。

而在心理學中也以「角色扮演」（role playing）此話來說明一個人的意識變化，雖然這只是一種假說，但人總會透過所扮演之角色而受到那角色所帶來之想法和影響，連自己本來的思想、主義、主張都被改變了。這種角色扮演如果誤入歧途的話，也會和類似非人道之洗腦的思想改造法環環相扣，所以要多注意不能亂用。

企業界也是一樣，常派一個對公司不忠的職員去指導那些新進員工，受派的員工只好臨危授命擔任新進員工的指導工作，指導內容是向新進員工貫輸愛公司之精神，並教他們要具有成爲該公司員工無愧地工作的心理準備，指導期間爲期一年，當指導期結束後，全公司變得最具有愛公司的精神的員工，卻是那個擔當指導的員工。

◆把「NO」轉變的爲「YES」的心理技巧——◆

給予說服幕後決策人士的「啟示」hint

現在假定你爲了推銷公司新開發出的商品，而去訪問交易對象的企業，結果雖然跑了好幾趟，但對方經辦人卻遲遲不願首肯，看來說「NO」並非他本人的意願。

碰到這種狀況，你可能會全力以赴地去探知在背後發出「NO」的上司，到底是屬於那一類型的人，然後向經辦人明示讓他去說服上司的啓示，例如你可以說：「你們的課長對於數據有一手，所以你拿此項數據給他看，包準算你功勞一件。」於是此項交涉成功了。

我想你可以從中看出把經辦人的「NO」轉變爲「YES」的要點，是把說服上司的啓示材料直接交給經辦人，也就是你所提供的是說服幕後決策人士的戰術。

有一件發生在和職棒選手閃電結婚的女演員身上的鮮事，她突然宣布不再續演訂有合同之影片。原來這位女演員在片中所扮演的角色，是令全世界男性大受歡迎的角色，但唯獨其未婚夫不欣賞，後來製片當局向女演員說服要她放心，但那女演員硬是不肯答應。結果是雙方不歡而散。

萬一扮交涉的對方幕後是由丈夫或上司當決策人時，而扮交涉之本人左顧右盼，沒有明顯意思，只是在幕後決策人士授意反對之下，才反對而拒絕的。既然是這種情況下，如果你用的是碰運氣，聽天由命的方式去說服，根本不可能成功。

凡是很能幹的推銷員，首先會探查誰在幕後說「ＮＯ」，接著直接提供給說服對方幕後決策人士會說「ＹＥＳ」的「啓示」材料，能幹的推銷員均能技巧運用此一心理技巧而獲得成果。

以前我曾在雜誌上看過「拒絕的技巧」專欄報導，其中有幾件讀者投稿的經驗談，他們被推銷員的甜言蜜語所蒙蔽，而購買毫無意願的商品。例如：有一個主婦的個案是推銷員說：「萬一你丈夫反對的話，你可以告訴他凡是一流企業的經理，七成以上莫不支持此一商品。」此語成爲關鍵語而成交。

可見此一推銷員發揮高超手腕使交易成功，因爲他熟知既要一面搧動主婦對商品的購買意欲，另一方面如何消除對方的反對。

◆把「還早」轉變爲「現在」的心理技巧◆

給予「最後通牒」切斷「還早意識」

在社會上有不少人左思右想，久久不敢下自己的結論。而在洽商時最拿這種優柔寡斷的人一點輒都沒有，如今已是進入太空時代的實業社會中，乖乖等待對方下決心，又怎能趕上時代腳步呢？

再說在等待的時候，對方又得到多餘的資訊，那麼，結論又得一延再延。到底是什麼因素促使他們優柔寡斷呢？

原因之一是「還早意識」及「更好意識」在作祟，這二者之間有難分難捨之關係，而因爲如下的幾種期待感使他們繼續耗下去，包括有：「反正時間還早，我可以多加思考，在經過深思熟慮後，我才可得到更好的結論。」或「時間還早，我只要多等候，說不定會有更好的結果呢！」如果你去遷就這種對手，讓他多花時間去下結論，那簡直是浪費時間。與其白費心機空等對方，不如稍微暗示對方，即使是花上再多的時間，也得不到比現在更好的結論，如此來得更爲有效。

爲此你的不二法寶是不管有沒有時間，或者效果好不好，都以最後通牒來相逼，使他領悟到，他所懷有之期待感是件多麼空虛之事。因爲對付這種舉棋不定的對方，最有效果的辦法還是下最後通牒，粉碎他的「還早意識」或是「更好意識」，告訴他：「這是最後的機會。」

本來一個人就是難以抗逆「最後」這一句話，最好的證明是：凡特賣的口號，莫不強調「這是最後的機會」，說來也奇怪，只要一聽到是最後之時，本來還三心二意的人，終於會想反正不買白不買、不買多划不來，多損失啊！而愈是迷惑的人，這句話對他特別有效。

像我就曾不小心上了此關鍵語之當，而買下不必要東西的痛苦經驗。雖然我本身應是屬於說買就買，果斷之人，不應該被此口號所迷惑才對，但是在看到「最後的機會」的文宣時，總覺得不買眞划不來啊！在此涵意上，說不定優柔寡斷類型的人是最會精打細算的，他們經常瞄準「剩下來最後一個是最好的」。因此向他暗示，再等待下去也沒有什麼好處，就是促使他斷然決定的關鍵。

◆把「反對」轉變爲「協助」的心理技巧◆

使對方參與自己的行動並灌輸「伙伴意識」

如今已不常見了，但一旦「尾牙」、「春酒」時，有一群人總會固定勾肩搭臂地合唱軍歌，例如「同期的櫻花」。這些大多是擁有共同戰爭體驗的中老年人，在此場合中，不分經理、課長或普遍員工，彼此忘了職位倫理，一起合唱，因爲他們共同擁有戰爭這一最殘酷的生活體驗，因而說不定在內心最深層的部份，產生了強烈的伙伴意識。

而所謂的「伙伴」本來是指彼此有默契，採取相同行動的集團。包括有遊玩伙伴、喝酒伙伴、登山伙伴、棒球伙伴等，莫不是如此。他同時還意味著，彼此擁有共同的行動目標，才會萌芽出伙伴意識。可見不管雙方的立場有多麼不同，只要擁有共同的體驗，彼此之間就能持久維繫伙伴意識，而且那體驗愈特殊、愈痛苦的話，彼此之連結也愈強烈鞏固。

當我們考慮到此一人性心理時，如想把不願協助的對方，引入到我方來也不會是太困難的事。這是一則我從工地開發公司經理那兒聽來的故事，一般在賣一塊土地要花二天的時間向顧客說明，並給他看相關文件。但這位經理說在他們業界內假如在買賣土地的說明會上，能讓顧客親手翻閱相關文件資料時，等於是成交了一半。

這不外乎是運用心理技巧，使對方技巧地參與自己正在進行中的行動，並使他產生共同體驗的錯覺。使一個你想讓他協助你的人，或是手拿說明書，或替你分發文件都可以，只要讓他以某種方式來參與自己的行動。

這位經理說透過對方實際上幫助你，而建立起心理層面的借貸，其成功率將高出單靠言語來說服的三、四倍之多。

由此延伸出，要使一個在公司會議上可能反對自己主張的人，不但不反對，甚而助你一臂之力。在準備會議資料時，請他幫幫忙也是頗有效的方法。

例如央求他：「麻煩你把此文件用釘書機釘好。」「麻煩你把這些資料發給大家。」只要能引起對方行動，說不定對方在那時早已從頑固的反對者，搖身變爲親近你的協助者。

◆把「漠不關心」轉變爲「關心」的心理技巧——◆

對方再小的隱私也要牢牢記著

對於政治家巧妙地把對方引進「我方」的功夫，又豈是區區一名心理學家所望塵莫及的。

例如只有一面之緣，卻能親密地喊對方的名字「〇〇先生好久不見，最近好嗎？」這些簡直是稀鬆平常般家常便飯的事，實際上不要說記名字，連臉都記不起來，還要私底下偷偷問秘書，好像他有多關心，至於他們跟選民搭上線的手段才是叫人佩服得五體投地。只要一聽說對方是當地後援會幹部的兒子，馬上主動要求握手，並拍拍肩膀，不忘問道：「令尊最近好嗎？」等等打探他父親的消息，因爲他熟知這些小動作，將可得到好幾倍的回饋。

一般而言，直呼對方姓名，或問及對方父母親平安與否的禮貌，只有在非常親密關係中才有的。因此，一聽到候選人所顯示出的種種言行舉止，任誰都會大受感動並認爲：「此人竟然如此關心我」。結果被候選人指名道姓，熱情地拍拍肩膀之人，很快會成爲他的強力支持者，到了下一次選舉時，爲那位政治家大力奔走，到處拉票，幾乎是可以十分確定的事。

如果想吸引女性的心，也可運用相同的心理作戰，也頗有效果。即使才見過一、二次面的女性，即從那女性不經心的談話中探知其趣味及日常生活小事，到了下次碰面時在談話中提到：「你所飼養的小貓，最近好嗎？」而使那女性心想：「原來他很關心我！」

這一點和專門騙婚的人手法類似，他們先刻意忘記女性的生日，然後在談話中若無其事地透露出，而搔到女性心理的癢處，因爲沒有一位女性會討厭關心自己隱私的男性，不久後便由感動而轉爲信賴和愛情，但到頭來卻受騙上當了。

每一個人最關心的事莫過自己本身的存在，而這是人類的共同心理。例如看到一張合照，第一眼一定是尋找自己，然後才看其他人。

由此不難看出，不管是工作上或私人方面，只要你有意去除對方的戒心，讓他對你懷有親切感，最好的辦法是牢牢記著對方的芝麻小事，並隨時朗朗上口爲宜。

◆把「對立的立場」轉變爲「相同的立場」的心理技巧————◆

不斷擴大和對方的共同點

從個案中顯示，凡是頭一次來作心理協談的人大多會心理緊張，且對心理顧問師懷有戒心，甚至有人還產生敵對感，至於心理顧問師爲了趁早跟這些人心靈相通，建立起無話不說之關係，常會運用擴大彼此間的共同點的心理技巧，例如：

「你住在那裡？」「中野（地名）」「哇！住中野啊！以前我有一好友住在那裡，我以前幾乎天天都去，我猜中野現在一定變很多。………記得車站前面的香煙攤嗎？就是老奶奶開得那一家……。什麼……，那老奶奶還在開，精神還好的很！」

無論什麼話題都行，不管多麼芝麻小事，只要和對方的共同點，即不斷地擴大，不久後對方的緊張和戒心會慢慢鬆懈下來，此種心理傾向所招致之結果，是只發現雙方有共同點而已，在心理上即誤以爲對方是多年來的知己一樣，而完全信任初次見面的對方。

當經營者碰到員工要求加薪時，常會說：「難道你們盼望公司倒閉吧！」當然，沒有一個員工會希望公司倒閉而自己失業的，因此，對經營者而言剛好正中下懷，他會繼續說：「我也不希望公司倒閉」、「公司有了好發展，對你們也大有好處」、「希望你們拚命努力工作，而我也全力以赴經營公司」、「然而就事論事，在此關頭上你們要為了公司的發展稍微忍耐，共體時艱，共渡難關吧！」以此意圖打消了員工的加薪要求。

不必多贅言，這時的心理技巧在於強調雙方的相同立場，雖然雙方的利害是對立的，只是一旦形成所謂的「共同地盤」，難免會誤以為是相同的利害的感覺。

不少人有過此體驗，和初次見面的人談話時，在閒聊中發現和對方是同故鄉的或畢業於同一學校之後，以前的尷尬氣氛一掃而光，很快和樂地打成一片。

可見人的心理傾向顯示出在對方一開始產生戒心時，只要找到對方的共同點，即可去除戒心。我把這種現象取名為「同班效應」，意味可當成人際關係的善意潤滑油。

◆把「優勢」轉變爲「平等」的心理技巧——◆

下命令時加上一句「拜託」，以便獲得主客顛倒之效應

從前美國田納西州在競選州長時，有兄弟二人同時出馬互別瞄頭，其兄善於作秀，經常吻小寶寶，藉以擴大支持層面。反之，弟弟卻毫無秀味，一副純樸造型，只是上了講台，便摸摸口袋，好像在找什麼似的，接著向衆人說：「誰能請我抽一支煙呢？」

結果，弟弟大獲全勝，選民所依據之感情是自己能「好心給予」（同情）偉大政治家的這一票。

使用「好心給予」（同情）的這句話在心理面的立場上是主客顚倒的技巧之一，也是訴諸於對方的自尊心，而把「優勢」改爲「平等」之立場的要因。這道理在職場上也是一樣，爲了自由自在地頤使自己的部屬，也必須要「主客顚倒」，不使部屬感覺到自己是在下命令，還搔到他心中自尊心的癢處。

例如最能使職場之人際關係惡化的作風有「打官腔」，上司把部屬叫到自己坐位邊說：「難道說課長的命令你就聽不進去嗎？」這時候除了「課長的命令」之下，還有「區區一名普通職員竟然……」，這些「角色說法」最容易招致員工的反感。

可是這個「角色說法」在逆向操作之下，竟然會使公司內的人際關係更加暢通無阻。例如：課長要某位員工辦一件事時，刻意跑到那位員工的坐位旁說：「我有一件事拜託你！」雖然他身為課長，大可照下命令不誤，想不到他卻向員工說：「有事相求」，靠此話來個主客顚倒，用此逆向操作使部屬提起幹勁，甘願工作的個案不少。

語言本來即具有社會面的效用，如果一個普通職員升為股長之後，一向自稱「小的」將變成「本人」，而一般人對比自己年長者稱呼「老兄」，年紀小者稱為「小老弟」，可是一個能幹的主管面對年輕的員工也照叫「老兄」。

公司內的一般情況是凡是職位低的對上位者都有自卑感，可是如今在上位者卻以「老兄」來稱呼職位低的人，如此「搖身一變，主客顚倒」，使在下位者懷有優勢感而對在上位者產生尊敬和信賴。如果上位者高高在上，發號施令，那麼員工可能會反抗命令，所以應改成不使員工發覺那是命令，才會心甘情願去執行命令。

改變人心成為贏家

2 給對方閃躲的一招會改變對方的心情

偷天換日的心理技巧

◆把「不負責的男子」轉變爲「負責的男子」的心理技巧——◆

以指桑罵槐的方式，指責對方的態度

我從一位在大公司內當經理的朋友那兒，得知一個有趣的故事，他公司內的某一課，不知爲什麼上班時十分鬆懈，且工作效率也很低落。

而那一課的銷售額也比別課遜色許多，根據他的調查結果，發現原因出在身爲領導人的課長身上。那位課長說的好聽是樂天派、不拘小節的性格，但站在主管的立場卻變成不負責任，後來勒令課長的頂頭上司副理去提醒他，「這怎麼行呢？你是主管呢！要振作一點吧！」當然課長回答：「是的」，可是他依舊故我，毫無改過之跡象。

即使想來個目前流行的事業革新（降調），但也沒有一個部門單位願意收容他，後來上場的是由人才銀行派遣來，且出身於人事管理的心理顧問先生，他把課長叫來並對他說：「我認爲你好得無懈可擊，只是想不到你的那一課的員工個個上班遲到，目前工作效率又不彰，能否由你帶頭使這一課面目一新呢？」說完此話，據說那一課正一點點改善中，如今已可和別的課相提並論了。

果眞發生此事，若派副理去指責他，他也不聽，雖然口上回答：「知道了」但此人的性格即是不負責任，也不難推測出他心理可能在想：「此事與我無關。」

一個對自己的錯誤認識不淸，沒有責任感的人，用口頭去指責他是白費唇舌，徒勞無功的。

既然連自己的責任都不肯負，只好把他的注意力轉移到別人身上，逼他進入非他自己去做不可的狀況中，否則別無他途。這位顧問先生熟知此點，才會指桑罵槐一番，把對方趕入非他自己去做不可的狀況中。

像這種人到處可見，他的藉口很多，也最會推諉責任。要對付這種最會逃避的人，最主要的是擋住他的去路，使他無處可躲。但直接對他諄諄教誨，因爲他本身並沒有責任的自覺，當然是毫無效果可言，甚至還使他反駁，結果一事無成，還傷了彼此的感情，課長還會向別人埋怨：「我又沒有錯，還被挨罵，眞是一肚氣。」

由於這種人對別人的觀察特別深入、細微，所以採取指桑罵槐的方式，把他逼入非他自己去做不可的狀況中，說不定他才有機會，發現自己的缺點。

◆把「不利的條件」轉變爲「有利的條件」的心理技巧——◆

須預留一條退路，千萬不要趕盡殺絕

在異常心理法的變形方法之一，是緩急輪替法。即是二人爲一拍擋，一快一慢地，藉以改變對方態度的心理技巧。

當然改由一人扮演二角色也可以。主要是二人中之一人先把對方趕入心理的死巷中，到了進退維谷時，另一人突然提供心理上的退路，如此一來，幾乎所有人不管情願與否均會走上退路不可。

關於此點，我很欣賞「柄孝平」代表作之一的『熱海殺人事件』，我是在新宿紀伊國屋會館觀看此劇的，客滿的觀衆被敏捷的動作、噱頭百出的劇情，弄得捧腹大笑，尤其贏得滿堂喝采的是在詢問犯人的刑警，其巧妙地問案技巧眞是妙不可言。

刑警們時而嚇嚇他，時而威脅他，眼見把犯人逼到進退維谷之際，又搖身一變地輕聲低語，甚至老淚縱橫。使觀衆覺得雖然這只是戲劇，但眞被驅使爲問案手法時，十之八九的人，非被逼得坦白認罪不可。

實際上，警察在問案時並不如戲劇世界般的戲劇化，但仍是採相同的方式在進行，首先派一個攻擊型的刑警去偵察嫌犯，並不斷地進攻，告訴對方警方已握有實質的證據，你的共犯早已坦白承認等，在心理上把對方追到走頭無路，且以五花大綁的方式綁住對方的心理，並追到底，在此種偵察方式下，大部分的人都會起反感。

接著上場的是接納型的刑警，他的態度則是一百八十度的大轉變，他多方的安慰嫌疑犯說：「你的所作所爲，也是人情之常。」或「你的幾個兄弟已向警方陳情，希望能寬宏大量地處置。」等溫柔地呵護嫌犯，在此緩急交加，周而復始之後，嫌犯大多會向接納型的刑警自白罪行。

在洽商時也是一樣，如果訂購權在我方手上時，在交易一開始時即先透露心聲，我們會以二人一組，一個緩一個急，首先一個先提出嚴苛的條件，大出對方意料之外，如此把對方趕入死巷中，接著另一個人才慢條斯理地提出妥協案（這才是本案的心聲），不經心的爲對方留一條退路，在這種設計之下，客觀地說第二方案絕不能算是有利的條件，但對方卻誤以爲是好條件而上鉤了。

◆把「興奮」轉變爲「冷靜」的心理技巧————◆

刻意用緩慢的言行，殺殺對方的銳氣

在日常生活上常發生非用安撫不可來面對抗議或申訴的對方，如果一開始即以眞言論去跟對方就事論事的話，對方興奮的情緒將過於高昂。

遇到此時，你不妨把對方的言論緩慢地背誦一次，或爲他的香煙點火，或記筆記，刻意慢條斯理的做給他看，以紊亂對方的步驟爲上計，而對方被如此刻意混亂節奏之後，銳氣盡失而漸漸冷靜下來。如此已成功一半，從此由我方取得主論之主導權，而更容易導入正論之中。

例如警方一一〇及一一九的電話接聽人，同時也是警察局、消防隊的經辦人，已被訓練刻意使用緩慢的語調去對應，因爲在通報犯罪或火災的發生情況下，幾乎所有的人興奮、緊張之餘，說話均不得要領，如果經辦人能以沈著穩定的語調去對應時，通報人的情緒自然會穩定下來，可以冷靜地述說狀況。

萬一反過來會是怎樣的結果呢？「什麼？失火了，那，哪裡失火了，你家不是出火地點？什麼在這裡？這裡是哪裡呢？怎麼問我看見了沒有？我人在電話室裡！快，告訴我電話號碼，不，地址快告訴我，快啊！」如此一來，對方可能連自己的地址也想不出來了。

據說在「故事天地」裡的主講人，其說話技巧已登峰造極，遊刃於優閒的動作和煞有其事的空檔中，例如他在上台之前故意搖晃地走，乍看之下彷彿是在拖延時間，且待他上台坐定後，又左顧右盼地環視四周，直到他要開始說書之前，時間又過了許久。這才是說書高手中的高手，他明知聽衆已迫不及待地想快快聽到精彩故事，而呈現出輕微地興奮狀態，如今他卻故意拖時間、賣關子，使聽衆等得心焦氣急，才可把聽衆引入自己的節奏裡。

每一家計程車公司裡必然會有事故經辦員，凡是個中老手都會驅使此種心理技巧，靠著過分愼重的緩慢動作、講話方式來拖延時間，以便等待對方恢復冷靜爲止，才開始交涉事件。不管如何，看到對方興奮或氣憤時，我敢保證，這是對我方十分不利的。

◆把「大罪過」轉變爲「小過失」的心理技巧——◆

故意犯個小過失，使對方的戒心鬆懈下來

下面這些話是從數度搶拍到獨家鏡頭的攝影師告訴我的，他說如果想把相機帶入禁止攝影的場所時，首先刻意肩上揹著單眼反光照相機（reflex camera），當然被經辦員看到了，這時他會乖乖把相機交出去，其實這台相機是僞裝用的，至於眞正攝影用的小型相機是擺在口袋裡，他說除非情況特殊，否則不會追究這「第二台相機」。此一技巧眞是令人吃驚。

這種瞞過經辦人耳目的手法，乍看之下好像騙小孩似的，卻也是擊中人性心理弱點的巧妙心理技巧。因爲一個人緊張的做什麼事，等到事情完成後，緊張感一下子放鬆下來才是普遍的心理。

以此例來說明，讓對方交出單眼相機的這件事使守衛完成取締帶相機的案件，這時當然守衛的戒心鬆懈下來，他哪會想到他還帶有第二台相機呢？因此，才使他有機

可乘，這眞是巧妙的手法。

凡是鬼靈精怪的人，瞄準了人性的心理弱點，先準備對方容易發現的小過失，以便隱藏住大罪過。例如，惡意的逃漏稅者會有意地在帳簿裡製造小的逃漏稅，等到稽查員發現此一小漏洞時，即坦白認錯也答應要修改更正。如果是經驗不足的稽查員就會以發現「小的漏稅」而心滿意足，卻錯過背地裡「更大的漏稅」。

有一客人從古董商買了一支一千萬元（日幣）的古壺，結果發現卻是如假包換的贋品，於是責罵那古董商，古董商拚命向他道歉，接著又巧言蜜語勸他說：「眞不好意思，讓你吃虧，這一次是千眞萬確的眞品。」於是又被騙買了三千萬元的古壺，還是贋品，這位客人在別人提醒之下，趕去向古董商理論，才發現對方已人去樓空，眞是難以置信的詐欺事件，像這種情況，因爲被害人看到對方承認錯誤，所以以前的戒心鬆懈下來，而被古董商有隙可趁，這裡所謂的有隙可趁，是指認爲對方不可能一騙再騙的心理，及我竟然能識破對方一千萬元的大謊言的優越感。

像這種簡單易見的「小過失」，要特別提高警覺，因爲難保背後還隱藏著「更大的罪行」，殊屬可疑。

◆把「無邏輯的話」轉變爲「有邏輯的話」的心理技巧——◆

在「有三個爭論點」的前題下，話有玄機

凡是以「此問題有三個重點」、「此個案有三個接觸法」等開頭在「有三個爭論點」的前題下，我一向是小心翼翼地去聽，因爲這種說法若隱若現地令人看出在邏輯上語帶玄機之意圖所致。

例如：「有三個爭論點，第一是……，第二是……，第三是……。」的說法，如果不經心乍聽之下，彷彿覺得他的話很有邏輯，結果容易毫無疑問地照單全收。因爲自古以來，包括天、地、人，佛、法、僧，過去、現在、未來，知、情、意等在涵蓋事情時，「三」這個數目扮演十分重要的角色。換言之，一個人容易產生一個錯覺的心理特性，他誤以爲只要從事情的三方面來總括思考時，就能涵蓋一切的道理。

所以一聽到有人說「有三個爭論點」的說法時，人們往往誤以爲他的說法涵蓋事情的每一方面，且還整理得有條不紊呢！其實爭論點何只三點而已，只要仔細推敲話

中的主題，很多時候會發現爭論點或異論，是多得難以數盡的。

但如果只鎖定在三個爭論點上，此時，其他的爭論點或異論均被「棄之不顧」，甚至有時最主要的爭論點其實是隱藏在「第四……」。縱然如此，當對方斷言有「三點」時，除非你的疑心病特別重，否則難免會誤以爲「只有三點而已」，這可以說是每個人共同的心理弱點。

然而並不限於「有三個爭論點」，凡愈是在邏輯上快刀斬亂麻的說法，其中愈隱藏有更多的陷阱。例如：「英雄是好色的，而我也好色，所以我是英雄。」這種三段論法是很好的例子。

只是這種程度的三段論法的結論「所以我是英雄」，立刻會被人們駁斥，但如果換了像「日本是海岸線很長的島國，凡是海岸線很長的島國容易受到外敵入侵，不好防守，所以日本應以核子武器來武裝自己。」的說法，想要推翻他的理論就很困難了，不是嗎？

可見愈是沒有邏輯的說法，其中愈隱藏有玄機，而爲了要隱藏邏輯上的矛盾或陷阱，乍聽之下其話就愈容易顯得有邏輯。

◆把「反對」轉變爲「贊成」的心理技巧——◆

對於頑固的反對者，可以刻意否定自己的說法

雖然我並不是在討論歌詞，但有一句話是：「推了不行，就拉拉看。」觀察他的效果，可見凡是頑固、堅持自說又不肯讓步的對手，順著他也是一種方法。

我有一位在大公司裡當經理的朋友，有一次在他所領導的部門裡爲了新開發的商品應屬於都會型還是外埠型，部屬意見分歧，沒有結論。他眼見部屬們唇槍舌箭，一來一往時，認爲時機適當即宣告休會，待會議再開時，有一個主張外埠型的人如此發言：「說的也是，像我一開始即認爲他是外埠型的，但你們卻如此堅持己見，不可輕讓，連我也有些心動，好像他應屬於都會型才對。再說我是土生土長的都市人，對於外埠了解有限，難道說這產品還是屬於都會型嗎？」

在聽了這番發言之後，截至目前爲止一直緊咬著贊成都會派的人也突然靜下來，一段時間在那交頭接耳，不久被視爲反對派中的急先鋒的男子站起來說：「的確，我

也是在都市裡長大的，所以對外埠的了解有限，因此，我也不能輕易斷定他不是外埠型的，我只不過是心理上覺得是都會型而已。」在此話中已有軟化現象。

後來又經過冗長的討論，結論鎖定爲外埠型，而一直是對立的雙方，也絲毫沒有芥蒂的使對方心服口服的下定決心，眞可以說是典型的「推了不行，就拉拉看」的例子，一旦把自己的說法擺到一邊，顯示出妥協的姿態，到頭來能把具有強硬態度的對方引到贊成我方的這一邊來。

在公司開會時，對一件提案大唱反調的人，有種種情形，從爲反對而反對的「情緒派」，到爲了當日氣氛而反對的「心情派」爲止，可說是林林總總，不一而足，像這種對方根本是無法理喻的，不過，一旦開始議論時，對立的雙方各自擁有反對的意見，也更加鞏固自己的說法，以增強反對的意志。

如果你想說服對方來贊同自己的意見時，像先前的例子一樣，先把自己的意見擺到一旁，甚至還提出自我否定論，是最具有效果的辦法。因爲在議論中，你如果使出此招，那麼對方即失去了攻擊目標，等到其無用武之地時，再也無法頑固的主張他的意見，這也算是人情之常。

◆把「命令」轉變爲「自動自發」的心理技巧——◆

如果對方提不起勁來，那麼你就刻意順水推舟一番

你要他「用功，用功讀書」，他就是不想用功讀書。你告訴他：「未成年人不可抽煙。」的設限，他卻背地裡偷偷抽煙。因此，我們不難推測出當一個人受到別人的指示、命令時，在本能上會加以反駁。

當選爲東京市長的青島幸男先生，可說是最會活用這種人性心理技巧了。世人站在政治面來分析青島先生之當選因素，爲選民對政治的漠不關心及希望無黨無派者獲勝，但站在心理層面來分析他的當選，這絕非意外。因爲愈是現有政黨推出愈適合市長的人選，或者愈是主張市政不可委託給外行人來執政的這種訴求，人民愈發地反感：「既然是如此，不如換個無黨無派的青島來做做看。」

凡是到過東京迪士尼樂園遊玩的人，會發現到整個若大的園區沒有一個煙灰缸，這時遊客會好奇地問一聲：「請問此地禁煙嗎？」想不到得到的答覆是「我們並沒有

禁煙，你要抽煙悉聽尊便，但是煙蒂不可亂丟」。

可是放眼環顧四周，完全看不到一絲煙蒂，這有可能是清潔工作人員勤快回收之故，但以人性心理而言，一個人是非常不願意將煙蒂丟在一個連一絲煙蒂也看不到的乾淨地方，也是人之常情。事實上，在東京迪士尼樂園內抽煙的人出奇地少見，這顯示出平常不經心隨手一丟的行爲，到了此地，會覺得行不得也！

在教育子女時，如果父母親嘴上一成不變地掛著：「用功、用功！」而已，將適得其反，有時不妨改說：「你大可放手好好大玩一下吧！」經你如此一說，小孩反而不敢玩呢！

如果你是一個單位主管時，經常責罵部屬也提高不了員工的工作效率，偶爾可以換換口味說：「看你那麼發憤振作，眞是何苦啊！」刺探員工一下，只要是上班族的人，必定懂得業績和報酬是劃上等號的定律，所以上司如此刺探性的說法，反而更能引起員工的幹勁呢？

如果你想讓對方做某事的話，特別是在不傷及對方感情之下，可以故意在不經心中說出相反的話，即可改變對方的心意，而對方尙不自知你的居心何在呢！

◆把「遠的」轉變爲「近的」的心理技巧————◆

新瓶裝上老酒，使對方誤以為是裝上新酒

據說自從一九八三年以來，東京迪士尼樂園人氣非常旺，日本國內自是不必說，海外遊客絡繹不絕。但其實東京迪士尼樂園是設在千葉縣，明明是設在千葉縣，卻掛上東京之名，這就怪了。但萬一改稱「千葉迪士尼樂園」後果會如何呢？我們不難理解當初取名東京之用心。

而我絕對沒有貶低千葉縣的意思，不過人們一聽到千葉，有不少人總覺得那是偏僻的鄉下，而外埠人士中也有人的印象中千葉離東京很遠。

但改爲「東京迪士尼樂園」的話，明明知道他在千葉縣，但在心理距離上和東京都拉近許多。同樣的道理，位於千葉縣成田的「新東京國際機場」也不例外。

其實是同樣的東西，只把名稱、外表稍微改變一下，人們所感受到的印象即差許多。這即是「標籤效果」，如此單純的心理技巧，卻可改變人心。

其他還有像東京迪士尼樂園一樣，借助於別的名稱而連那名稱所涵蓋之印象也一併借用。

例如：輕井澤（渡假勝地）也是一個例子，凡是不知內情的人，一聽到北輕井澤或南輕井澤，都會誤以爲是輕井澤的一部分，於是在房地產的掮客推薦下，買了輕井澤的別墅而沾沾自喜地認爲自己在輕井澤已有一席之地，結果此地離井輕澤的長野縣很遠，甚至是屬於群馬縣的土地了。

這「標籤效果」之所以有效，是因爲人本來就有從一部分去類推全體的共同思考模式所致。在推出新商品時，如何取名很重要，有時毫不起眼的商品會成爲爆發性特強的暢銷商品，反之，品質優良的商品有時卻有銷路不佳的現象發生，這全是因標籤效果作祟所致。

至於企業的形象也端看品牌，有時也會搖身一變成爲名牌。例如同樣是醬油廠商，當野田醬油改爲（Kikkoman）就顯得比較有現代感。又例如電話電線公司改爲NTT，日本中央賽馬會改爲JRA，莫不是標籤效果所致。

◆把「劣質品」轉變爲「佳品」的心理技巧——◆

要顯示出為何便宜的「正當理由」

俗話說：「買便宜貨划不來」，可見經驗告訴我們極端便宜的商品一定是有缺陷的，如果貪圖便宜，往往吃虧的是自己。因此，只要廠商顯示出便宜之外的理由，那麼人們就會爭相搶購那個商品。

有一個例子是借助於「公司倒閉，處分商品」的名目來拍賣，這時客人的心理會諒解商品之所以便宜的原因，而且這裡的便宜不等於品質不好，因爲這個品質良好的商品，是公司倒閉不得已才要廉售。

而公司倒閉與商品品質好壞無關，不過對於買方而言，寧可在公司倒閉找合理的購買動機，而不只是便宜而已。

人往往不停在尋找能肯定自己行動的理由，只要能找到肯定的理由，說的極端些，即使是再不合理的行爲也會照做不誤的心理傾向。關於這點，當我們走在路上時突然被警察叫住，必定停住腳步。

這是極其當然的事，如果是素未謀面的人叫你，你才不會加以理睬，但換是警察叫你，你會馬上止步。我們可以找出肯定的理由：「警察叫住路人臨檢是他的職務之一。」至於公司倒閉，處分商品進行大拍賣，如果這家公司沒有倒閉，只不過是劣質品，那麼就是如假包換的詐欺，可是只要在倒閉上找到可以購買的肯定理由，你跟他說道理也是沒有用的。

還有一個例子：有一家糖果製造廠商，把同一種商品分成二批，讓新產品試用報告員試吃，其中一批附帶說明這個商品是經由高科技的技術製造而成的，另外一批則沒有說明。結果大多數的報告員均說有說明的糖果比較好吃，可見事先給予好吃的理由，連味覺均出差錯。

最近常可看到「有內情的便宜」的廣告，而在商品上印著便宜的理由，包括有：「省略掉包裝」、「使用以前拋棄之部分，但品質保持不變。」看起來人只要找到合理的理由，就等於自己親手把「劣質品」轉變爲「優良品」。

◆把「過度低估」轉變爲「過度高估」的心理技巧——◆

不管是多麼芝麻小事，也應顯示出別人不知的知識

以譴責怒罵出名的評論家竹村健一先生，是衆所周知博學多才的人，據說聽過他演講的人常向他道謝：「先生所說之話，大多是以報章雜誌、電視上沒有報導過的資訊居多，常使我受益良多。」

但根據竹村先生本人的說法，固然有些資訊是從歐美的新聞得來的，但有九成的資訊是來自於收集日本的新聞，不過他和一般人不同，他的著眼點幾乎是所有人都會輕易錯過的小記事，而這些是逃不過他的銳眼。話雖然是如此，但竹村先生並沒有運用心理技巧去騙聽衆。

只不過是在他的演講中，漂亮地重現那些人們所錯過的資訊，依竹村先生而言，他當然會再加上專業人士的分析。的確，想要受到別人稱讚爲萬事通的評價並非容易，除了收集資訊能力之外，還要有記憶力強的能力，另外還有一個條件，是把記下

的資訊，隨時不經暗示能自由取出的「重現能力」，如果人云亦云再獲得暗示之後，才說：「哇！這個我知道！」這種「再認」程度的能力是望塵莫及於萬事通。

但要收集所有的資訊，既要記下又要重現，根本是不可能的事。所以，只要對準其中目標，刻意完全重視其中之一而已。例如莎士比亞的小說，精讀其中自己最喜愛之作品，並徹底灌輸在腦中，之後，若有機會則可侃侃而談：「我對莎士比亞的『李爾王』非常感動。」而針對『李爾王』一書中幾乎可以鉅細靡遺，如數家珍。

單單靠此就可大大改變對方對你的評價，雖然你只是說『李爾王』而已，可是對方還誤以為你通曉莎士比亞的全部作品呢！

我有一個朋友是「引用的高手」，他在演講一開始，劈頭就說：「歌德說過一句話『Meil dihit』。」以如此富有暗示性的一句話來壓倒聽眾，然後間隔一會才慢條斯理地說：「這句話非常有名，是歌德臨終時所說的最後一句話『光耀有加』……。」這句劈頭所說出之話，莫不令聽眾佩服他的多才多藝，誤以為他一定讀過歌德的原作，而我的這位朋友絕不是虛有其表的知識分子，他只不過以此法來提高自己的身價，倒是不爭的事實。

◆把「不方便」轉變爲「方便」的心理技巧◆

以「幽浮說法」來轉移對方的注意力

人類的思考模式，傾向於一旦呈現出非常緊迫的心理狀態時，這時別人突然投出一句不同方向的話，在不知不覺中注意力會被轉移方向。而愈是緊張的情況，就愈有效果。雖然有些令人不可置信，但據說江湖騙子所慣用的伎倆，是騙走別人巨款，等別人上門逼債時，就以四兩撥千斤的手法來轉移話題，甚至再騙取一筆錢呢！

提到此「轉移話題法」的高手，非以政客先生們莫屬了，如果你在電視上仔細觀察國會的質詢答辯，就可以看得一淸二楚。

當他受到在野黨的議員嚴厲追究時，這位執政部長卻顯得一副老僧入定的樣子，使出四兩撥千斤的招式，輕鬆地把話題一轉：

諸如：「關於那件案子，貴代表所說的話完全有道理，不過當務之急正是人人關心之本案……。」「貴代表說得不錯，但這是非常重要的問題，我要仔細調查淸楚之後再回答……」「姑且把你的話題擱在一旁，先換個觀點而言……。」

像這種政治人物之答詢，多是如此技巧的迴避質詢，而導向自己的結論。他們能事先預料到答詢過程中，可能會朝向自己不利方向，因而技巧地轉移話題，眞是神乎其技，令人嘆爲觀止。

乍看之下，這很像騙小孩的心理技巧，其實把對方所關心之事轉移到別的方向去的效果，眞是無懈可擊啊！

例如小孩吵著要買玩具時，眞拿他沒有辦法，這時突然以手指著天空說：「哇！有幽浮（ＵＦＯ）！」這麼一來就能轉移小孩的注意力。而我稱他爲「對話的幽浮（ＵＦＯ）戰術」，這在心理上是十分有道理，又有效率的技巧。

然而這種戰術的相關手法，是說一聲「待會再說！」或「看來好像無關，可是……」等都是從主題順利地轉移話題的方法。

例如，在洽商或開會等想貫徹自己的主張或意見時，即用轉移話題法，只插一句話當前後話的關連，就可以使對方落入自己的圈套中，而對方莫不順利接受，毫無抵抗之餘地。

◆把「自信」轉變為「謙虛」的心理技巧——◆

眼見對自己有利之條件，要先拒絕，不要立刻答應

人具有挑剔的心理傾向，眼見對方硬推我就加以反駁，如果看對方退卻，那我則硬拉對方一把。有一位經營者，於二次大戰時受到日本當局對學生之徵召，而被調派到近衛輜重連隊，後來畢業於陸軍財務學校而成為財務軍官，在他畢業於財務學校時，他的長官說：「軍隊也不是不講人情的地方，你們各自填寫志願上任地吧！」他和同學們商量後刻意寫：「緬甸戰線」，結果凡是寫「緬甸戰線」的人，全部被分發到國內安全的地方，而那些討厭出國征戰的人，反而一個個被派往危險的戰地。

作家深田祐介先生曾說，要推銷自己最好的方法是對於自己最不情願接受的派令，愈要刻意去接受他。例如被調到偏僻鄉下的營業處所或要你去比你年輕上司的下面工作時，要立刻說「是」一句話而接受才是。反之，如果被派調到巴黎或紐約等人人羨慕的派令時，要立刻加以拒絕一番，也就是說當你拒絕派令時，人事經辦員先是

十分憤慨，不過那只是短暫時間，一晃即過；反之，很快地會對你高估，認爲你這個人眞不簡單，等到對方再來說服你時，你才答應。據說一開始即答應說「是」的人，在公司內得到的評價差很多。

對上班族而言，如何向公司推銷自己是件很重要的問題，但如果方法不對的話，只怕上司認爲你這個人驕傲自大，所以你得刻意讓上司對你建立的風評是「那人雖有實力，卻很謙虛。」那麼將算是一大成功了。但如果你眞的很謙虛，根本無法向上司推銷自己，所以如何用謙虛的糖衣來包裝你的自信，這將是勝負的關鍵所在。

而每一個人都有常使自己佔於有利之地的心理，但當你刻意拒絕有利之事時，才會產生讓人意想不到之評價。這時最重要的是拒絕的技巧。

如果你拒絕地說：「分發到那種地方，我才不要去呢！這麼一來未免過於露骨，太直接了，你應自謙地拒絕說：「因爲我還不夠資格呢！」

聲望排名日本第一的職棒教練野村克也先生，在第一軍時曾說：「我要一輩子當一名捕手」而深獲球迷的肯定，也許他是眞正不願追求地位、名聲，只想完成自己的責任，但如此漂亮之拒絕法，在球迷眼中更突顯出他的與衆不同。

◆把「小努力」轉變爲「大努力」的心理技巧——◆

即使是對自己不利之資訊，也要先提供給對方再說

當你約會遲到時，在打電話告訴對方的說法不同將帶給對方不同的心理影響。如果你將會遲到二十分鐘，可是你硬要騙對方在時間上說少一些「只遲到十分鐘」，對方一聽才十分鐘而已，就不太會產生怒意。但你卻比你所說的又更晚了十分鐘才到，那麼就給對方雙重爽約的印象，明顯地將使對方急躁不安。

至於另一方告訴對方「我會遲到三十分鐘」時，對方在聽筒中聽到三十分鐘時會覺得很不爽，可是你竟縮短十分鐘到了，反而使對方忘了你遲到二十分鐘，而高估你爲縮短十分鐘所做之努力。

雖然這不是有意圖的作法，但我覺得醫生也使用同樣的心理技巧。例如：他對住院病患的親人說：「說不定來不及了！」先給對方最壞情況的心理準備，接著才說：「但我會全力以赴。」給予期待感。如果在一住院時即有如此說辭，等到病癒時，病

患和親人會喜出望外，萬一招致不幸的結果，對方也會了解並認為：「醫生已說過來不及了，果然不出所料。」可見醫生的這種說法只有二種後果，一是被對方感激不盡，另一則是受到對方肯定，唯有如此，才不會受到責難或被懷恨在心。

有一則笑話，一個人得了小感冒去看醫生，而那醫生的算術比醫術還要高明，是個不折不扣的蒙古大夫，對方診斷過雙手盤胸悶聲不響地「嗯！」那人非常擔心地問：「怎麼了！什麼地方不對勁！」而正中醫生的下懷，醫生於是建議說：「做一次精密檢查看看，否則詳情不明……。」到此地步不容你不答應。於是一連串的X光、血液檢查、尿液檢查等一大堆的檢查，結果如果什麼事都正常沒事，醫生會說：「哇！你眞有福氣啊！」萬一有什麼差錯時，醫生就說：「果然不出我所料……。」可見不管結果是什麼，醫生都可照賺錢不誤，還能得到感謝呢！

說實在的，雖非出於我的本意，但有時我會使用此招。

例如當雜誌社來邀稿時，眼見截止日已逼近，於是我先打電話給主編說：「能不能挪到下個月才刊登。」提出緩兵之要求，而令主編不知所措。但實際上我會如期交稿，而使對方高估我的努力而感謝我。

◆把「好感」轉變爲「愛慕」的心理技巧◆

在誇獎女性時，要針對她所意想不到的優點去誇獎

有一句至理名言這麼說：「面對美女或醜女時，要誇獎其性格；至於既非美女或醜女時，要誇獎其容貌。」的確誇獎美女說：「你眞美！」對方頂多會心想又來了，至於醜女的話，你說此話往往落得對方氣憤而認爲你在說謊。反之，姿色普通的女性，卻有我和美女相差薄薄一張紙的謎思，因此對於「漂亮」的讚辭大大地歡迎。的確這句至理名言，眞是一針見血說中心理面和眞理所在。

有一次，我向一位女性朋友提此話題，然而對方卻不以爲是的認爲用如此簡單的模式來劃分現代女性，其效果不大。

又因現代女性跟以前的女性不同，她們早有經濟基礎，且聽多了搔到女人心裡癢處的誇獎話及廣告上面的鼓勵話，或是推銷員的說辭，再說進入社會之後，和男性交往的機會增多，所以已不太容易被誇獎所搧動。

那麼要如何才可推心置腹地搔到女人心裡的癢處呢？站在心理技巧的觀點上，可以想出許多方法，而其中有二個方法效果頗佳，一是誇獎對方沒有發現之優點，二是儘量間接的去誇獎對方。

這是一則有名的故事，關於以拍攝女性美出名的某位資深攝影家的經驗，當他遇到新進女演員在相機面前緊張時，據說他會說：「妳的耳朵好漂亮！」誇獎對方意想不到之處。結果女演員緊綳之表情，剎那間鬆懈下來。單單如此即可使女演員對那攝影家產生信賴感。

當女性面對發現自己優點的對方時，不只是推心置腹，甚至還會馬上傾向於對方的這種現象，一點也不稀奇。

至於間接誇獎法，當一般人被誇說：「你眞美！」或「你眞親切！」等跟自己直接有關之事時，人們往往會既興奮又有些難爲情，尤其是女性，那種難爲情的感受會轉爲向對方產生戒心，甚而懷疑對方別有用心，而使你受到瓜田李下之嫌。

關於此，可誇獎像用品、服裝等事物，是間接投其所好，且比較容易不被抵抗的接受。所以表現的方式愈間接的話，其抵抗力也愈薄弱。

◆把「疑問」轉變爲「肯定」的心理技巧——◆

給予錯誤的暗示，以便封住對方的疑問

平常當我聽到對方說：「像你知道的那樣」的前提當作掀開話題時，我的耳朵會提高警覺，認爲機不可失。當然在那些話中，的確有不少是我早已知道之事，但偶爾也有些是我所不知道的事，我卻誤以爲自己早已知道，所以要特別注意。

根據我的推測，人們之所以會產生此一誤解，主要因爲人們不願意否定雙方了解事情的心理機制起作用所致。

我所尊敬的社會心理學家堀川直義先生，曾針對此作過一有趣的實驗，被驗者是數名資深刑警，首先給他們看火車和卡車相撞的現場照片，並要求他們要牢牢記住這些照片。不久後發問者問：「從火車車窗裡伸出頭來的有幾人？」又「從卡車後櫃架上掉落到路上的貨物到底是二個，還是三個呢？」

但實際上沒有人從車窗內伸出頭來，同時地面上也沒有貨物掉落，可是卻沒有一

個刑警看出這是預設的圈套，紛紛答以「三人」或是「二個」。

連資深刑警都上鉤的現象，堀川先生稱之爲「錯誤的前提暗示」，借以證明端看你如何去發問（或偵問），即可左右自白的內容。爲什麼呢？這些被驗者一個個被誘導而答錯，我認爲原因之一是每一個人對於否定雙方了解事情，會有一種強烈的心理阻抗所致。

因爲如果你否定了互相了解的信賴關係，只怕會全盤崩潰，爲此才使心理機制發揮作用，而把了解之事的疑問暫時擱在一旁，以便維持信賴關係。

所以當問到：「到底從車窗內伸出頭來的有幾人？」時，等於強迫對方建立起「你應該知道從車窗內有人伸出頭來」的「默契了解」，這不外乎是給他無中生有之錯覺的心理技巧。

此手法之運用，簡直稀鬆平常地被人們所慣用。最典型的例子是政治家們常使用的「連三歲小孩都知道的道理」的邏輯推理。姑且不論他是有意誘導選民，只不過是把這種說法更改爲另一種說詞：「像你知道的那樣」而已。

所以，千萬不要被改變疑問爲肯定的技巧所矇騙了。

◆把「邏輯」轉變爲「非邏輯」的心理技巧——◆

時而幫腔、時而轉過臉，借以隔斷邏輯的流程

美國推理小說家Ed Mcbain的代表作是『八七分局系列』的警探小說，這是很久以前的事，不過曾搬上螢光幕，在日本也已播放過，相信許多讀者應記憶猶新。小說中的舞台是在約紐鬧區中，描寫一群富有個性的刑警們，活躍一時的故事。這一系列故事的魅力在於節奏輕快，對白生動有趣，使觀衆看得目瞪口呆。

在面前嫌疑犯時，採用二個刑警一拍一搭，像說書人一樣，一面幫腔一面誘使嫌犯自白的偵查過程，眞是妙不可言，幾乎可以列入心理學敎科書中，然而嫌犯莫不倚靠他那乍看之下牢不可破的不在場證明，可是站在刑警這方則旁敲側擊，百般挑剔之下，終於使他崩潰瓦解。這一精采過程，形成一連串逗趣的對白，描寫生龍活虎，栩栩如生。

爲什麼我會在此提到「八七分局系列」的故事呢?因爲在我們日常的生活中常會

碰到，拿他一點辦法也沒有，而他所說的話又是層次分明，有條不紊的對方時，如果你想靠邏輯理論去反駁對方，反而大多會落入對方的圈套中。而且又不能沈默地傾聽他的話，那等於是承認對方已佔有心理上的優勢，更是落入他的陷阱之中。

在面對這種難敵時，首先應紊亂其步驟爲先決條件，因此，最簡易的方法是運用「八七分局」中的刑警們所採用的方法。他們嘗試刻意在對方講話中插上一句「原來如此」或「說得有理」，借以隔斷對方供詞的流程，一旦對方說話的流程被中斷後，當然對方邏輯思考的流程也被隔斷了。

這就是刑警們爲嫌疑犯所設下的圈套架構，結果往往會使對方出乎意料的露出破綻，而給予我方反駁的機會。

像這種心理技巧在國會議壇上也常被使用著，因爲部長到國會來答詢時，一般只是照本宣科而已，所以對於進攻的在野黨議員想駁斥其銅牆鐵壁的邏輯理論，談何容易。但如果是換了資深的議員來質詢時，情況則大不相同，他們會採取時而幫腔，時而轉過臉，借以隔斷對方邏輯的流程的戰術，結果常令答詢老手的部長也會脫口透露出心聲來。

◆把「無意」轉變爲「起勁」的心理技巧——◆

務必要和對方的「期待」，逆道而行

迎面來了一個汽車推銷員，當然有許多人會心想這位汽車推銷員想要推銷汽車，又如果他是一位出色的推銷高手，你一定會想對方企圖推銷昂貴的進口汽車。

而擁有符合對方期待中的工作或地位等角色的印象，在心理學上稱爲「扮演角色期待」，而這種扮演角色期待的本身是不與置評的。

如前面的例子中，不一定要形成正面的印象。例如當你有意推銷新車或任何商品時，對方會懷抱著扮演角色期待，同時也可以產生對推銷員逆向負面的影響。因爲扮演角色期待所形成的先入爲主的觀念，使對方在心裡築起一道高牆，並採取防衛本能。在遇到這種情況時，要刻意背叛對方之扮演角色期待即可，如此才可反過來消除對方的戒心，深植信賴和安心感。

某人數十年如一日，一直是某一品牌汽車的忠實愛用者，近年來常有各大廠牌的

汽車推銷員，紛紛前來勸他更換新車，可是他始終不肯答應，原因是那些推銷員總是說：「像你的這種老爺車，常是車禍的肇事主因。」或「車齡如此老舊，維護費一定居高不下，不可輕忽。」等的說法均無法改變他的心意所致。

但有一天，有一位中年推銷員來拜訪這位頑固不肯換車的人，據說那中年推銷員一看他的車，馬上說：「這輛車還能使用半年呢！現在換太可惜！」原來車主的內心也認爲應該換車了，但聽此話之後，才毅然下定決心要換車，於是向那位中年推銷員購買新車。

比中年推銷員先來的推銷員，一個個莫不極盡數落車主擁有的舊車，客觀地說他們的說詞均是肺腑之言，但站在車主的這一邊，卻解釋爲多此一舉，反而在他的心裡築起一道高而厚實的垣壁。

後來這位中年推銷員上場之後，他早在心裡預期對方會說出什麼難聽的話，但想不到對方所說出之話，卻一百八十度背叛了扮演角色期待，因此，他輕易地聽從推銷員的規勸。

◆把「做作之臉」轉變爲「樸素之臉」的心理技巧——◆

把正式場合解放為非正式場合

有一著名攝影師曾說過，想拍攝小孩自然生動的表情之秘訣在於告訴他：「好啦！已經拍攝完畢，謝謝！」說完之後才拍。這是因爲當小孩聽到「好啦，拍好了！」之後，在他意識中存有相機時的緊繃表情，剎那間鬆懈下來所致。

他還說瞄準那一瞬間迅速按下快門，即可拍下洋溢著解放感之小孩的自由世界，眞不愧是攝影專家，能精確掌握住被攝者的心理變化。

當一個人處於正式場所時，其內心是被逼充滿緊張的，而且還想裝成異乎平常的自己，而在極端緊張氣氛中的人，一旦被解放出來到了非正式場所時，往往會不經心地顯露出隱藏在後的眞面孔和心聲。當小孩面對相機，等於是處於正式場所，因此很難掌握到小孩眞正的容顏。但告訴他「好啦！拍好了！」如此而已，就好像把他們解放到非正式場所一樣，小孩天眞的臉孔自然會出現。

只要能設計掌握住從正式到非正式場合的空間，當其解脫出的那一瞬間的放心感時，也就可以一探究竟對方想隱藏之心聲是什麼？

有一次，當我出席某雜誌社的座談會時，在出席的每一個人都發言完畢，由主編下結論告訴大家：「此次座談會到此結束了，大家可以輕鬆地聊……。」後來的閒聊實在有趣極了，而我眼見人人均透露心聲，還心想：「這些閒聊的內容比座談會的好許多，眞是可惜啊！」但後來一看該雜誌刊登的記事中，竟然以閒聊時的內容占了大多數，原來大家都上了主編的當，主編有意圖地設計非正式的場合，使出席者放心而大吐心聲。

下面這則故事是某一稅務員告訴我的，當他們固定到難纏的對象那兒去查稅，在調查告一段落，邊喝茶邊聊天時，等被調查公司的經營者從查稅一連串緊張中解放出來後，才放下心來以爲終於熬過來了，遇到這種情況，高明的查稅員會在邊喝茶一邊漫不經心地誇一聲：「好好看的一幅畫！」結果不少情況顯示出，對方會向查稅員透露出被逮住逃稅的證據，例如說：「你不要告訴別人，但這幅畫其實是價格昂貴的『眞畫』。」

◆把「緊急性」轉變爲「嚴重性」的心理技巧————◆

對方提出刻不容緩的要求時，你要強調他的嚴重性

曾經有一人終於要在早已購買的土地上蓋房子的節骨眼上．突然接到公司要長期調他到海外出差的派令，當然全家要跟著他一起出國、派駐當地。離上任日只剩下二週的時間，在如此緊迫的關頭，他飛奔到建設公司那兒去，想儘快解除契約，停止建築房屋，想不到他得到的結論是要按照契約，如期蓋好房子。

聽他說那建設公司的對應是這樣的：那位經辦人在聽完他要解約的理由後，強調說：「哇！那可不得了！事態嚴重，但茲事體大，因爲蓋房子也許是一輩子才有一次的重要大事，你要好好仔細思考，以免後悔莫及，萬一造成你的後悔，我們也會十分傷腦筋……。」好像說這一解約彷佛能左右他一輩子之命運，而刻意強調此事之嚴重性。

那位上班族一心一意只想快快解約，但聽到對方所說的「茲事體大」的說法，才

吸引他的注意力，改想要好好坐下來談，結果那位上班族決定接受建設公司提出的種種條件，包括有：建設公司趁現在建材尚未漲價時，先成批買下來囤積，以備蓋屋之用。即使他本人不在國內，建設公司也會負責如期完工，至於他不在國內時，建設公司也會替他找一個可靠的房客，在此情況下，終於還是按照原訂計畫按期蓋屋。

不管是誰在面對突發事件時，會有急於一時非早一刻去面對此事件不可的心態，但要改變這種心情談何容易，眼見對方以迫不及待的表情來相逼時，你跟他講道理也是白費心機，萬一話題愈來愈離譜，只會促使對方更意氣用事而已。

因此，如何技巧壓抑對方激烈之急迫性的感情，而導向肯傾聽我方言論的方法，是把那個問題的緊急性轉變爲嚴重性。建設公司的例子，即是刻意強調必須深思熟慮的問題，才能攝住對方焦急的心情。

在面對對方提出緊急性的要求時，可以轉變爲強調嚴重性，以緩和對方高昂的心情，而使對方的心裡產生願意深思熟慮，此方法也常被運用於國會問政中，當官員說：「關於那件案子，固然需要緊急地處理，只是茲事體大在考慮其嚴重性的同時，務必要愼重地檢討才行！」如此一來，來勢凶凶的在野黨議員就無法再相逼下去了。

◆把「小的好感」轉變爲「大的好感」的心理技巧◆

趁沒有利害關係時，下「投資」吧！

有一家大型電機製造廠商公司的董事長，他是以應酬高手而出名的。例如，他會好好款待跟他有交易關係的主管。然而這位董事長的應酬方式跟別家公司不同之處，在於他不只是款待主管而已，連年輕員工也不例外。

當然應酬交際費用是有限額的，不可能包括所有的員工在內，所以他會事先調查公司內某一員工的學歷、群帶關係及業績等，且風評不錯，並鎖定爲將來有成就的目標人物，只款待他一人而已。

當看到被自己所鎖定的員工高陞爲股長時，立刻飛奔到他家去送禮，還帶他到高級的日本料理店去喝一杯，慶祝他的升官，那年輕的員工根本沒有去過那麼高級的料理店，眼見對方貴爲董事長卻如此厚愛而心感惶恐不安，因爲他的職位與對方交易上一點決策權都沒有，可說是完全沒有利害關係的人。

而這位董事長看出年輕員工的惶恐，於是說：「貴公司已讓我們賺了許多錢，所以我才如此回饋貴公司優秀的員工。」以減輕對方的心理負擔。不久這位員工升爲經理，甚至是董事，然而他並沒有忘記當他還是一名普通員工時，那位董事長的厚待。然而在社會一片不景氣聲中，許多承包公司均被切斷交易關係，唯獨他的公司被保留下來，這一切全靠他長年以來的「投資」所致。

而一般所謂的應酬及送禮，如果是從具有明顯利害關係的人所送的，那麼將行禮如儀地草草結束。因爲有求於人的送禮，並不會被人欣賞，唯有無所求於人的送禮，往往會令對方喜出望外。像送禮給新上任的經理，對方收之無愧，但若是送禮給調到別個單位的前任上司時，其效果更是加倍，原因即在此。

我有一個朋友，聽說才從董事退休的那一年，過年的送禮及賀卡明顯地銳減到十分之一而已，沒有接踵而至的賀客，過了一個寂莫又冷清的新年。

這時以前的一位部屬帶著禮物前來，雖然在他任職中對此一部屬並沒有特別的風評，不過他的到訪卻使他高興得差點哭出來。等到他又回到原來公司擔任顧問時，那一位部屬的受到重用，自不在話下。

在切斷利害關係時所贈送的禮物及款待，會帶給對方意外並留存在心中。同時給了對方「有一天我一定要回報」的心理負擔，所以送禮在日後若能變成「大的厚待」，那才是有價值可言。

3 在不知不覺中，對方早已站在我方了

——錯覺的心理技巧

◆把「迷惑」轉變爲「果斷」的心理技巧——◆

在二選一的質問中，以後面為主要

以花花公子出名的某男演員，在接受週刊雜誌採訪時，曾說他在引誘女性時固定會說：「回去?還是留下來?」他絕對不會這麼說：「留下來?還是回去?」當我讀到他的這番言論時，心裡眞是佩服不已，他眞不愧是名花花公子，擅長於改變人心的心理技巧。

原來當女性被問到「回去?」時，一方面有某種的放心感，但另一方面卻產生輕微的失望感，原因是她在無意識中正期待對方的引誘，卻出人意表地背叛那期待感所致。所以在那失望感之後，被問到「留下來?」那種失望感旋即消失，即使沈默不答，也會被看成是OK的意思。

若反過來看·就更淸楚地看出女性的心理，如果一開始問：「留下來?」女性會一愣的採取戒心，接著被問到：「回去?」若沈默不語則代表要回去，因爲站在女性的立場是很難推翻對方的建議，而表示要「留下來」。

縱然雙方的感情正熾熱，對女性而言，「回去」或「留下來」仍是一大問題，這可能也是緊張到最高點的時刻，而男生在遇到這種場合時，一方面要假裝尊重對方的意願，讓對方選擇自己的意思才是實情。

我們常會碰到讓對方迷惑的二選一的局面，當然我會希望對方能按照我的意思去選擇，但迷惑的對方眼見我直率地以我方之結論來逼他選擇時，反而會提高戒心，作出相反的結論。

所以假裝打聽對方的意願，然後暗地裡在選擇先後秩序上動手腳，各位將可以發現要點是把要他選擇的放在後面。以百貨公司的店員爲例，他在客人買好東西後必然會問：「這東西是送到府上，或是您自己帶回家呢？」幾乎所有的客人會說：「算了，我自己帶回家！」因而節省下不少的經費。

同樣的道理，在禮貌上不得不表示要請客時，但我並無意要請，這時我會問：「今天我請你去喝兩杯？或是改天再喝吧！」對方十之八九會回答：「那就改天吧！」這就是技巧運用把結論或決定擺在後面的習性之心理技巧。

◆把「不可能」轉變爲「可能」的心理技巧——◆

你要反覆不斷地說：「我會，我一定會。」

當我遇到來跟我訴苦的母親說：「我家的小孩成績不好」，我一向會勸他們說：「小孩具有無窮的潛能，千萬不要爲了成績單上成績不好而罵他混蛋！或壞孩子！」因爲我自身曾有過此體驗。

在我唸國小時，每次考試的成績不好，心情總是暗淡地走回家，當我把成績單交給母親時，母親總是固定說：

「你的眞正實力不只如此，你的實力正在睡覺，只要發揮你的潛能，成績自然會進步的，將來你一定是個偉大的人物。」

聽了母親相同的話好幾遍以後，說來奇怪，在我心中產生類似不可思議的自信感受，只要遇到難題時，我會想：「我一定會解開的。」從來不會輕易放棄，這就是耐力。若僥倖答對問題時，我會更加深信不疑，果然我具有如母親所說的實力。這與後來迎向眞正的自信環環相扣，曾幾何時我的成績已排名前茅了。

我曾經聽過說書人橘家圓藏老師傅跟我提過：他在年輕時曾對自己的口才失去自信，有好幾次想放棄說書的事業，而每當他陷入情緒低潮時，他太太就會勉勵他說：「你沒問題的，你說的書眞好聽，將來一定是位出色的說書家。」聽了他太太的鼓勵之後，他才重燃出新的鬥志。

不分老幼，如能周而復始地對他說：「你一定會」，結果會引來正面的自我暗示，但反過來一直對他說：「會失敗」、「一定不行」，結果眞的會失敗，而喪失自信且陷入自我嫌棄的惡性循環中。

例如，有的上司在分派工作給部屬時，往往加上一些不必要之說辭：「也許這件工作對你而言可能會超過你的負荷，還望你能好自爲之！」可是他的部屬所反應的是我不可能做得來，或者我一定會失敗的負面暗示，因而低估了自己的能力，所以這是一種「禁句」（Killer Phrase）是身爲主管的人不應該說的話。

◆把「負面印象」轉變爲「正面印象」的心理技巧——◆

借強調事情的另一面，以消除愧疚心理

這是一則在美國推銷即溶咖啡時所遭遇的故事。公司當局預料一定會以「簡單」、「方便」的口號而大受女性的喜愛，但是事與願違，銷路並不如預期中的好，我們姑且不論口味的問題，光是那「簡單」、「方便」，即給女性顧客一種「偸工減料」的印象，一般而言，咖啡在美國家庭中一向是要求從磨豆的手續開始的飲料，如今只要注入熱開水即可喝的咖啡，未免過於簡單得令人產生愧疚心理。

結果這家公司放棄了「簡單」、「方便」的文宣廣告辭，而改以非正攻法的柔性訴求爲：「把騰出來的時間，爲先生小孩多加利用吧！」以如此改變印象的戰略，企圖消除身爲消費者的主婦們的「貪圖方便的愧疚感」。

這時主婦們有了冠冕堂皇的藉口：「我之所以使用速食品，並非偸懶不做家事，而是把省下來的時間用在家人身上而已。」於是即溶咖啡的銷售額，年年扶搖直上，

自不在話下。

事情總有他的二面性存在，話說「具有傳統性」，另一面即代表「古老陳舊的」這二者是環環相扣，密不可分的。至於「大的」雖然有「堂皇」的正面印象，相反的卻有「非功能性」的負面印象。

如果文宣上單單以即溶咖啡的簡易（即偷工減料），而說成是方便而已，這只說對了事情的一面，當我們再看簡易的另一面所代表的意義會發現到他具有「節省時間」之意。換句話說，只要加強偷工減料的另一面節省時間的印象，那麼即溶咖啡即可牢牢捉住消費者的心理。

美國心理學家E. Hehiter說：「文宣人員的一大成就，是給予用戶道德上的放心感。」像上例即溶咖啡的轉換文宣戰略，正是一個給予用戶道德上的放心感，最成功的好例子。

現在推銷商品時，大多使用此一心理技巧。以前的主婦們對於做家事等的偷工減料，均存有莫大的愧疚感。但如今完全自動洗衣機、吸塵器等家電用品非常普及，可見得一向強調非偷工減料，而是可騰出多餘之時間的廠商方面的戰略奏效所致。

◆把「少數意見」轉變為「多數意見」的心理技巧◆

淡化個人的存在感，並提高群衆的被暗示性

以往的執政者莫不殷切盼望著如何以一少撮人的少數意見，自由自在地去影響大衆。例如，當德國納粹獨裁者亞德魯夫・希特勒要演講時，必定選在傍晚時分，因爲他先登高一呼，然後右手高高舉起華麗的手飾，整個人沐浴在夕陽的照射中，有如打上腳光（foot light）般的隆重登場，吸引了群衆的目光。接著隨演講的進度，圍在群衆外圍希特勒的御林軍，也一步一步向中靠攏，下意圖地凝縮群衆所形成的圓圈。

然後由御林軍中的幾個人開始高喊「希特勒萬歲！」這時群衆已不太在乎演說的內容是什麼，而是深深地陶醉在「希特勒萬歲」的大聲吶喊聲中，最後全體群衆在希特勒萬歲的吶喊聲中大合唱作結。

我們不必作心理學的分析，也會知道當一個人在群衆之中會傾向於淡化個人的存在感，也就是自我意識會完全埋沒在群衆中。這時個人受到法律假期（即做什麼事都

不必負責）的保護，在無名性的心理支配下，呈現出意氣用事，毫無批判性，容易被暗示性的群衆狀態。所以個人的言行舉止容易給群衆帶來莫大的影響力。而隨著群衆的人數增加，密度增強，肌膚的摩擦，人擠人的情況愈形增加，這種被暗示性也愈加提升。

而放眼四週，可以證實此一群衆心理的最佳例子是：凡是女性都有過的經驗，來到百貨公司的拍賣會場上，在摩肩接踵、擠來擠去的人潮中，所搶購的東西，待回家後才發現往往是沒有必要的東西。此外在人潮爆滿爲患的演唱會場上，年輕人們的高昂情緒化爲興奮的漩渦，因而常有人受傷，甚至昏迷的消息時有所聞。

在封閉的窄小空間裡，被擠成人疊人的群衆，已是喜怒無常了，他們是很容易、簡單地被傳染落淚、發笑或憤怒，只要有心人一旦造成此種狀態，群衆的被暗示性也相對提高，這時只須給予一些暗示，即可如意煽動群衆了。

而且還可使用派人混入群衆之中，如先前希特勒的御林軍隊員一般，換個觀點來看也可以說是「人頭」，只要有效利用「人頭」的效果，讓群衆服從少數人的意見，也不是一件不可能的事。

◆把「主觀」轉變爲「客觀」的心理技巧————◆

以數字的糖衣來包裝自己的想法並且說出來

有一新聞專欄裡出現一則記事：「近三成的新婚家庭中，沒有準備菜刀。」在速食品充斥於餐桌上，速食便當大行其道的今日，人們對於此一數據並不覺得誇張，言過其實。

可是，某一家電視公司卻對此一數據感到十分有趣，於是組成一個專案小組想追蹤此話的來源，他們追蹤的手法是溯源而上的回頭路，例如，查問專欄的作家這「三成說法」是從哪兒聽來的？此話傳遞時所經之路，如此逆道而行去追蹤他的最早出處。結果竟然發現此「三成說法」只是某人誤解所產生的，根本是毫無根據的無稽之談而已。

而無論是專欄作家或讀者，都被「三成」的數據之技巧給矇騙了，可是像這種毫無根據的話，卻被人們相信，還一傳十、十傳百的傳遍開來的現象，正是大玩數字的魔術。

有時人們爲了使自己的談話內容增加「客觀性」而不斷地列舉統計數字，雖然並沒有欺騙別人的意思，還是有可能使看到聽到的人相信並肯定之。看樣子說不定日本人的心中具有「數據信仰」的心理。的確2＋2＝4是顚撲不破的眞理，也是主觀無法侵犯的領域，話雖如此，如誤以爲所有的數據都扯不上主觀的話，那是天大的錯覺啊！

例如電視節目的收視率，看起來它的高與低，足以左右主持人的去留，雖然這個收視率的數據所代表的並不是2＋2＝4這個答案的絕對性眞理。

例如，某一家庭雖然沒有人看電視，但電視機卻照開不誤，也有的家庭是邊看電視邊破口大罵這個節目，如果電視公司因此把此數據奉爲圭臬，這可說是觀衆在矇騙電視公司。

本來數據的意義是讓人們判讀出它所代表的涵義，也就是在提到某一數據時，它所充滿著提示人們的主觀性，如果不能好好仔細判讀出數據的主、客觀的話，而逕自認爲數據是客觀的，那麼，將非常容易受騙於喜好數字的政治家。

◆把「普通貨」轉變爲「特別貨」的心理技巧——◆

使用「排隊效果」窺探人性心理

我曾看過一則漫畫，內容是有一個人獨自走在街上，突然發現在某一家店門口排了一長隊伍的人。這時他心想：「一定有什麼意外好事！」於是就跟在隊伍後面排起隊來，不久他的身後又來了一群人排在後面，而形成大排長龍的隊伍。大約排了一小時之久，站在他身後的人問他：「到底排此隊伍是爲了什麼？」而他也不曉得，於是問他前面的人「咦！我也不知道啊！」連他也不知道，只好一個問一個地往前面推進，竟然發現沒有人知道爲什麼。終於來到最前面，只見有一人蹲在那兒，於是問他：「到底是什麼事啊！」那人才慢慢抬起頭來說：「沒什麼事，我只是在看螞蟻雄兵在排隊而已！」這一抬頭竟發現身後排著這麼長的一列隊伍，才嚇了一大跳。

因爲這是一則漫畫，我們不妨一笑置之，不過在看到排隊時，一定心想有什麼好事而跟著去排隊，也是人之常情啊！而最近成爲週刊雜誌上熱門話題中有名的算命術士，我們經常可以看見在他算命攤前排著一長列的客人，因此，推斷這位算命師必定鐵口直言，不同凡響，但其中不乏有人只是看到這一列隊伍就誤以爲他算得很準確，而跟在後面排隊。

看到別人排隊，我也想跟著排隊，當別人成群結隊時，我也想湊一腳，像這種心理動態，在心理學上稱爲「同步行動」，這也可當成招攬顧客的方法來使用之。例如有些全家餐廳也會根據顧客的同步行動，作爲招待客人的原則。

首先，如果是白天在這種店時，依序把進來的客人一一帶到從窗外可以看得到的位子上，利用這些來全家餐廳用餐之客人的心理，因爲客人上門的目的幾乎只是來吃午餐而已，而他們最想知道的是這家店的菜色如何？他們會以觀察店內的客人多不多來當成這家店的菜色指標，所以店方把客人帶到從窗外看得見的位子一一坐起，以便製造熱鬧的氣氛。但其實菜色的好壞跟客人的多寡沒有直接關係。

又如便利商店把雜誌專櫃擺放在從外面馬路即可一目了然的玻璃窗邊，雖然這些雜誌的銷路並不怎麼好，但店方的好處是一整排站著看書的人們，即使是光看不買也無所謂，至少造成店內人滿爲患的盛況，對於招攬顧客有很大的影響，而這只是一部分的例子而已，我們稱之爲「熱鬧效果」、「排隊效果」的心理技巧。

◆把「嫉妒心」轉變爲「親切感」的心理技巧——◆

透露出過來人的經驗談，以便擁有共同的體驗

那是很久很久以前的事，歌手北島三郎和巨人軍職棒的王牌江川卓，幾乎在同時各蓋了一幢豪宅別墅，可是帶給人們的感受卻有天壤之別。針對北島的評語是：「眞有辦法，竟然蓋了如此豪華的宅院，眞是美侖美奐啊！」可是對江川卻有不同的批評：「竟然蓋得如此豪華的別墅，好小子！我一點都不欣賞！」

而我對於人們有不同感受的解釋是：從「流浪歌手」（nagashi）一路吃盡辛苦，搖身一變成爲家喻戶曉大歌手的「北島故事」經驗談，給一般百姓一種親切感，而另一方面的江川則對於這種辛苦經驗付之闕如所致。

縱然北島如今已遠離一般人生活的歌手，但他只要一上舞台，必定會一把眼淚一把鼻涕的訴說過去辛苦的經驗談，也就是如此才能牢牢捉住聽衆們的心。又如前一陣子頗得人望的田中角榮，他也是從雪鄉的越後國吃盡千辛萬苦之後，才榮登一國之

總理，此一鋒芒畢露的故事受到人們支持所致。一般人均有如下的心理傾向：即使現在的對方是令人高攀不上的，但只要發現他的過去跟自己相同，或甚至比不上自己的話，就會把嫉妒或反感轉變爲親切感。

一般人對於出身於富豪或名門之人，在一開始即有隔閡感，所以不至於產生嫉妒之心，但換了比自己稍好一點或同樣程度的人，若僥倖成功即會心生反感，會說：「爲什麼只有那人運氣那麼好！」但如果是他的以前比自己還要低下的人，在歷盡千辛萬苦之後終於熬出頭來，則會迫不及待地爲他喝彩一番。說來人心眞是高深莫測，且任性自私，可是只要如此一點小事，就可以把對方的優越感轉變爲親切感了。

所以想要捧紅歌星或演員，也常利用此一大衆心理來作秀一番。因此，據說在演藝界裡有一不成文的常規，雖然想要成爲明星所要具備的因素衆多，但爲了要獲得超人氣，這些等待被捧紅的演員，必須要有歷盡千辛萬苦的經驗，包括有：幼年喪父、從小吃盡苦頭，或是邊「走唱」，邊養活生病的親人等的不幸遭遇。這是因爲如果在心情上沒有和大衆的感受相契合時，將得不到共鳴所致。

對一般人而言，這些特定人物所提出之過去辛苦經驗，會形成一種「免罪牌」。

◆把「假的」轉變爲「眞的」的心理技巧◆

若要使對方相信，在「九假」中放進「一真」

近來在報章雜誌、電視報導中常成爲熱門話題的受騙上當的事件層出不窮。有些讀者或觀衆可能會感到十分訝異，那麼簡單明顯之騙婚圈套，竟然也有人被套而大感不解，但從許多事例中顯示出並不難看出其眞正面目。

依我之見，社會上的詐欺者有一個共通之處，他們並不會開口全說假話，只有一個地方是眞實的。也就是九成假話，一成是眞話，靠此一成的眞話作爲核心，並藉此取信對方。

「你也可以看得出來，我的個子很矮，可是爲人膽大心細，到目前爲止，靠魄力十足而成功，例如在去年的黃金市場上……。」

在他們所說的話中，個子矮是顯而易見的「眞實」。所以詐欺者先突顯出他的眞實性，以便確立全部故事的可信性。對方如果上了此當，就會在不知不覺中相信後來所展開來的，在金市投機中大賺錢的超級謊言，於是在不疑有他之中把辛苦儲蓄多年的錢，全部投資到金市上，如此受騙而渾然不自知。我們甚至可以說凡是詐欺高手之人，都是擅長於把一成的眞話，滲入九成假話中之技巧。

經過分析人類之思考習慣的模式，不難發現不管是有無意識，一向是把部分的資訊當成核心之一，並藉以推測全體形象。即以一種樣本或資訊爲基礎，不斷進行藉此推理、臆測母集團的活動，尤其想像力愈豐富的人，這種思考模式的傾向愈強烈。

這種針對由部分而全體的人類思考模式可善加利用，例如運用於醫生身上。例：醫生告訴癌症病患眞正病名的話，只怕對方會受不了如此嚴重打擊而失去活下去的毅力，假若只是輕描淡寫地告訴他：「你的病並無大礙！」相信這位病患不但不會放心，反而更感到徬徨不安。

這時醫生不妨改說：「你有一點肝硬化，如想要治好這病，可得大費周章，但我們可以下定決心，從長計議，務必要根治此病爲止。」告訴病患一個眞的病名，一個可以信得過的病名，在病患信以爲眞的情況下，產生與病魔格鬥的決心，這眞是「說謊也是權宜之計」（善意謊言）！

◆把「空洞的話」轉變爲「茲事體大」的心理技巧——◆

交雜使用肢體語言，形成熱情洋溢的說者

我們常有此經驗，對於某人說話的內容早已完全記不得了，但說來奇怪，對其仍留下奇特的印象，然後根據以後的回憶，想起那種人是靠著他「熱情的講話方式」、「誠懇的說話」及「由肢體語言所交織而成的說話」，而使聽者入迷的。

一般而言，二人併肩同桌而談時，不可能在腦中只留下說話的內容，更有說話者所蘊釀出的氣氛和姿態等，不時在話的背後若隱若現。根據心理學上的用辭，把說話的內容當成「藍圖」，而講話的方式即爲「背景」，而這個「藍圖」和「背景」，經常被聽者所感覺到，也常使主客顚倒一番。

當說話人的語調或動作改爲「藍圖」時，則會出現在聽者的意識前面，至於說話的內容，則退爲背景音樂形成「背景」，退到意識的背後去，也是常見之事。至於年輕女性把他的情人的實際性格和說話內容無關地認知爲「體貼之人」、「柔情之人」

的原因即在於此。

所以只要運用此一心理技巧，若想決定某事並歸納說話的內容，就不成問題啦！例如想加強對方重要事情的印象，或是建立信賴關係的重要時刻，看你如何去說，將不難達成目的。

最典型的例子是花花公子在泡妞的情話，我們常見到這名男性也不知說些什麼，卻說得天花亂墜，熱情洋溢，聽話的女性雙眼炯炯有神，聽得十分入迷，一副陶醉的樣子。這位男性說話的內容無關緊要，卻是講得口沫橫飛。

頂多是包括音樂、電影的話，或是一些流行的話題而已，至於改談哲學、經濟也無所謂，聽話的女性對於談話的內容也一知半解，卻早被講話人所製造的氣氛感染了，根本無法下定除了「好棒的男子」之外的評語了，所以，你的談話內容已無關緊要了。

像這種把說話人的眞正印象灌輸到對方的腦中，即使再難懂的事或說話內容，也會令對方聽得入迷，而覺得津津有味，這也是要改變對方態度，不可欠缺的因素。

◆把「不滿足」轉變爲「滿足」的心理技巧◆

即使沒有合理的根據，結論仍要用「公正」的糖衣來包裝

一個人對什麼東西感到滿足和幸福，眞是名副其實的因人而異。最簡單的例子，即使一個家財萬貫的大富翁，如果其資產仍未達到他自己的目標額度時，他還是會埋怨沒錢。反之，不少的「一般人」即使一塊錢也沒有，只要家人平安健康的話，就會十分滿足了。

可見，每一個人按其要求水準的高低來決定其對現狀的滿足與否，但那個要求水準若沒有自己獨特的合理根據的話，即無法設定。在前例中不能滿足現狀的大富翁，卻早已找到能滿足的合理根據。所以我敢斷言，每一個人的要求水準，只要找到合理的根據，隨時隨地均可加以設定。

例如，報酬問題即爲一個很好的例子。先假定有一上班族領到五十萬圓日幣的年終獎金，但是他對所領的金額滿足與否，並不在於金額的多寡。

當然如果這個金額比起社會上一般的行情低了許多的話，一定會留下不滿的情緒。而在前例中的他，最介意的是同期的員工們到底領多少。

假定他很自負於對公司比起勁敵來更有貢獻的話，而竟然領得比勁敵少一百元，這對他而言，將是一個難以釋懷的大問題。也就是說在報酬問題的例子中，能否肯定的合理根據在於公正性。

所以只要發現公司當局的作風公正，這跟領到的金額大小無關，這個人總是會滿足的，而加以肯定。如果再說得誇張一點，這個稱爲「公正理論」的，也是改變人心的一大利器。

像獎金之審核或能力給薪等的工資制度，也可以說是從此一理論推論出來的。至於是否眞的公正，難免啓人疑竇，因爲審核要根據多麼客觀的基準，令人質疑，至於經營者大可把公正不阿當作藉口來剝削員工，也不無可能。

尤其在日本簡直把公正不阿奉爲金科玉律一般，令人無話可說，所以就算是不合理的內容，只要你偷偷滲入公正不阿於其間，別人則會誤以爲他是合理的根據。

◆把「不行」轉變爲「行」的心理技巧——◆

即使是不準確的資訊也要斷然地傳遞出去

在這社會上有各種類型的辯論雄才，其中最傳統典型的類型，是以衆多政治家等爲代表的「自信滿滿的類型」。聽了他們的話，好像世上根本沒有不可能之事，也沒有模稜兩可的事。

按理說，眞理只有一個，可是在辯論的雙方各自主張正反論而充滿自信地侃侃而談，聽來每一個人所說的話好像都很有道理，眞是一件不可思議的事。

然而並不限於政治家，這種類型的人爲什麽看起來總是自信滿滿的呢？其所傳遞的資訊不但具有眞實味，甚至還牢不可破。理由之一是在他的話中包括有：「絕對」、「必定」、「百分之百」或是「全」、「總」、「皆」等全部肯定或全部否定的斷語被大量運用所致。像某一位政治家等在選戰正酣時，每到一處都會反覆說出斷定的言論，如：「我是說一不二，必定實現者！」「絕對不負選民所託」、「向天發誓，我絕不說謊！」等而使選民議論紛紛。

我們在聽了這些發言之後，雖然感覺到事情不可能以如此單純來斷定，但仍照樣傾向於心想：「說不定喲！」之非分之想。而同樣的資訊，如果以全肯定、全否定的果斷表現法來傳遞時，其傳達力和說服力將比曖昧的表現法大了許多。

有人曾調查新潟地震時的傳言傳達力，若以「全壞」、「全滅」、「全燒」等果斷的傳言表現法，其傳達力最強，如把「全壞」改爲「部分崩壞」，把「已毀壞」改爲「好像毀壞」時，這二者給予資訊接收人印象之強烈及準確性，就有很大的差異。

想改變他人心理時，必須技巧地攻向人性心理的盲點。

像對一位個性內向的應考生說：「我看你是絕對沒問題的，這次考試你要多加油！」的話，運用把不可能轉變爲可能的心理技巧，將大大有利於使他提起勇氣，發揮平日的實力而順利地金榜提名。

這比起保守地說：「雖然不敢百分之百的保證，但總是要加加油！」這樣的話，可能提起勁，使人自信滿滿。

◆把「閒」轉變為「忙」的心理技巧——◆

在宴會中，電話還是要打個不停

假定進入某家俱樂部，看到三五人在一起飲酒作樂時，不久你會發現其中有一人常常接到電話，總是在大家聊得十分起勁時，就會被「某某人，電話」給打岔了，而他本人會說：「又來了！」而以十分不情願的表情離席去接電話，萬一有人看了此人而心想：「這個人看起來像做大事業似的，一副很能幹的樣子。」的話，我勸他多學學心理學吧！

雖然我的觀察可能不懷好意，可是和同伴之間的飲酒席中，頻頻離席接聽電話的男子，應該不是什麼大人物。如果這個人眞的十分忙碌，也眞是辦大事業的話，當然會有二、三個能幹的職員處理別人打來的電話，再退一步想，除非是例外，否則眞正重要的事，任誰皆知須以直接口頭方式來講，這算是一種常識，而且注意到自己的隱私權才不會不停地離席，掃大夥的興呢！

此外，打到辦公室的洽公電話也是相同，如果是私人電話也會一律被誤以爲是洽公電話，聽說有些上班族刻意利用這種私人電話，明明沒什麼事，卻刻意到處打電話，以瞞過上司的眼光，可見這種人閒來無「聊」了。

據說有些演員在辦交涉時，會把對方叫到事務所去洽談，然後事先派人到外面不停地打電話進來，造成他很忙且又「紅的發紫」的假象，以爭取更多戲酬。

愈是屬於人氣的買賣，說不定需要假裝忙碌的作秀一番，因爲工作上需要人氣旺，所以務必要灌輸很忙的印象給戲迷和大衆媒體。

當我在雜誌上看到演員們在機場招待室接受採訪或在車內用餐的照片，或者在電視綜藝節目中看到這類鏡頭時，我都十分佩服他們，但我並非眞佩服他們有多忙碌，而是佩服他們用盡心思地秀出忙碌假象的作風而已。

對於這樣的說法，你覺得諷刺嗎？

最近年輕人隨手一支大哥大的景象，蔚爲風尙，他們在電車上，時而打電話，時而接電話，對於這種現象我眞是百思不得其解，爲什麼他們必須假裝出他們「很忙」的假象呢？

◆把「反感」轉變爲「熱絡」的心理技巧◆

故意透露出自己的隱私

這樣的說法雖然很缺德，但選舉即是候選人如何技巧地騙過選民的勾當。而每一個競選的陣容中均達到一個共識：他們必須多方作秀，以便在選民的心目中建立一個良好候選人的形象。至於選民心目中什麼樣子才是最好的候選人形象呢？針對於此，美國的心理學家曾做過一個有趣的實驗。

他在紐約市廣播節目中介紹三名候選人，並要求聽衆把票投給其中之一，他所介紹的方式如下：

對第一位候選人詳細介紹他身爲政治家所具備的資質和學歷等的專業上背景，及其爲人。

第二位候選人則介紹他以前的從政經歷、業績等。

至於第三位候選人則專門介紹他的私生活，包括他如何熱愛子女，喜愛抽煙斗，及每天早晨溜狗散步等的生活細節。

而投票的結果是第三候選人獲得壓倒性的勝利，可見得他是否具有做爲政治家的能力，與其是否當選絲毫不受影響，這是不在話下的，但第三位候選人是使「選民」感到最親切的，這是毋庸置疑的。

從這個實驗中證明：一個人投票之判斷基準是以此候選人有無親切感爲第一優先，更勝於其政策。因此，這心理實驗之關鍵，在於透露出一點點的隱私，使人們感到親切之方法。

如今一個藝人想當政治家也非難事，因爲藝人每天上電視，從事於演藝活動，一會兒「到府拜訪」採訪私生活，一會兒在對談節目中透露出一點點自己的隱私，以別的涵意上來看，那何嘗不是一種選舉作秀活動？

透露自己的隱私，以取得對方的親切感，這在英國皇室是有例可援的，據說英國皇室爲得到國人的親切感的手法，連任何超人氣的大明星也自嘆弗如，這全拜完全公開出私生活所賜。像黛安娜王妃連自己之緋聞均毫不保留地公布於國人眼前，那些好不容易爭取而來的親切感，沒有再度引發反感，實乃萬幸之至。

◆把「批判」轉變爲「無批判」的心理技巧——◆

先使對方同意大綱，以便轉移其對細節之注意力

人有二種，一種是靠大綱思考的，另一種則是從細節著手的，一般站在總體觀之，傾向於靠大綱思考者容易被看成大人物，即使是對自我批判性的對方也比較容易順利地使他答應要交談。

例如，在十個問題中已有七個問題已達到一致了，只爭執剩下的三個問題而已。又假如這三個爭論點久久成爲爭執的中心所在，這時想使雙方達成共識，根本是不可能的事。

所以，要在事態上向他灌輸一個迷思，讓他誤以爲事情已朝向於彼此肯定的方向進行了，這時要先說：「姑且不論細節方面」，而只強調大綱的一致性。

在這場合還要有意識的插入「在大局上……」，「在大綱上……」「全體上……」的說辭，造成他的迷思，誤以爲大綱上也吻合一致了，那麼剩下的三個問題也

沒什重要了，雖然冷靜地想，如果這三個問題得不到解決的話，什麼「大綱」、「事態」都是多餘的，可是在此狀況之下，對方的心理已逐漸變成「沒有批判」性了。

若對方換成是特別拘泥於細節之類型的人時，你大可強調並擴大細節的共同點，以那點爲契機，把對方的心導向推心置腹之路即可，你可以事先說：「姑且不論全體」，而強調至少一點雙方完全一致的說法，其要點是採用「完全」、「眞正」、「完美」、「絲毫不差」的用語，並誇張些微地共同處，使用這種用語足以使對方強硬的拒絕心牆出了破綻，而引向同意也無妨的心態。

基本上，如先前所說的，想要在大綱上獲得同意後，連細節都不再批判地同意時，首先透過大綱上的同意使他放心，然後移開他對事實上更形重要細節的注意力。至於後面所說的道理也相同，靠細節一致爲障眼法，而建立起全體同意之共識，以使他承認。

此法的要點是，首先判斷對方到底是屬於哪一種人？

◆把「不借」轉變爲「借」的心理技巧◆

先提示對方容易接受之條件，以衝破其藩籬

被譽爲「推銷之神」，且其招攬壽險績效排名世界第一的E・G・雷達曼曾說過：「推銷工作是從客人拒絕時開始的。」的確當一個推銷員遇到客人拒絕時，即垂頭喪氣如打敗之公雞，那麼鐵定做不成生意。他是否成爲一出色的推銷員，端看他在被拒絕後，如何克服難關而投向顧客的懷抱中而定。

一個精明能幹的推銷員，其慣用的招式是在被拒絕時並不輕易放棄，反而提出對方可以接受的有限條件，例如說：「至少聽聽我所要說的話」、或「只要給我五分鐘就好了！」等等並緊緊捉住不放的方法。除非顧客早已買此商品，或眞的很忙即另當別論，否則一般人如果沒有這些明顯理由時，是無法輕易拒絕推銷員所提出之有限的條件，而心想聽聽也無妨，或者何不給他五分鐘也是人之常情。

一旦成功地衝破了對方的藩籬，想想推銷員個個是說話高手，在其鼓舌之下，事

先說好五分鐘，卻變成十分鐘，而十分鐘又延長爲二十分鐘，給當初只聽聽的顧客下定決心購買商品，只剩下時間問題而已。

各位讀者可以看出他們以有限的條件爲要，而把對方引入無條件的圈套之中，人們的戒心是當第一關卡被突破之後，就意外地十分脆弱，也就是本來只讓一步，到頭來卻變成讓百步，這即是人性心理微妙之機制。

在我們的日常生活中，也常有使用此心理技巧的個案。

例如，一個借錢高手，他的最終目的是想借一百萬元，但他才不會在一開始就說：「請借我一百萬元！」最初他會提出借五千元或一萬元是對方能輕鬆答應借給他的金額，以消減對方的戒心。

接著看準對方對自己的戒心已淡化時，才慢條斯理地提出自己所需要金額的要求，對方早已經借過他好幾次了，雖然現在金額變大了，也不至於來個一百八十度大轉變的翻臉拒絕，因此而落入借他一百萬元的圈套中。所以只要心中打定好主意，不借就是不借，不管對方提出什麼有限的條件，也決不讓步。

◆把「追求」轉變爲「妥協」的心理技巧◆

故意答非所問，借以降低對方的激情（voltoge）

在拳擊術中有一種能閃避對方強而有力的拳擊，或聲東擊西的假動作戰術，此戰術不但有退可防備自己避免被對手擊中，還可進而消耗對手的精力，減弱拳擊力的效果，這和人際關係的道理是相通的。

當二人之間的緊張氣氛正逐漸升高中，如果在當時投下完全不同的資訊的話，對方的注意力會暫時被轉移方向，而緊張的激情也會一下子降溫的，這很像正在升高壓力的壓力鍋，突然開了一個小洞，過高的壓力會逐漸降低。同理可證二人間正在升高的緊張感，經過一個小洞慢慢噴出後，壓力已被消解了。

例如，你想躲避對方緊迫盯人、咄咄逼人之氣勢時，此戰術相當奏效。當對方對你怒目相視，盛氣凌人之際，突然投下一個和原來問題毫無相關的質問，你可以問：「現在幾點啦？」或「你戴的眼鏡，度數夠嗎？」

愈是偏離主題範圍，沒有脈絡可尋的質問，愈能削弱對手的拳擊力，因爲對方說不定會心想為了使談話順利進行，必須回答此一質問不可。相反的，也有可能促使感情激昂甚而認為被侮辱了。不管如何，原本是來勢凶凶的對方，經你這麼一問，注意力已被大大轉移開本題了，且其勢也大大受阻。

這是一則很早以前的事，在那段大學鬧糾紛且喧騰一時之際，有一位大學教授在參加學生組織的聚會中，遭受到學生們接二連三的圍剿，正窮於回答中，而該教授站在負責的立場上，無法輕率作答，眼見雙方經過長時間的討論，始終沒有交集，又拉雜冗長地久久無法下決定，這位教授感到十分厭煩。

就在那時，一名理直氣壯的學生正犀利地逼問教授，突然教授反問：「你剛才提了什麼質問呢？」只見那盛氣凌人的學生在剎那間啞口無言，雖然從下一瞬間起，學生們群起而發出更激烈的罵聲，但仍以教授的那句問話為契機，削弱了學生方面的氣勢，終於解散了聚會。

此外，正當學生示威隊伍和警察人員互相對峙的狀態，呈現出一觸即發的緊張氣氛，這時，不知從哪傳來收音機的廣播正說到：「根據氣象局的報導……。」無論是示威的學生或警察都被逗笑了，同時如箭在弦上般的緊張氣氛也瓦解消除，一場可能發生之衝突事件也避免掉了。

◆把「普通商品」轉變爲「高級商品」的心理技巧——◆

故意調高價格以領先其他公司的商品

在滑雪旺季接近尾聲時，大部分的運動用品店會開始拍賣滑雪用具，這與滑雪旺季的價格相比較下，簡直有如送的一樣便宜，但我聽說有一家義大利流行商品的製造廠商終年不打折，他最初所設定之價格已是高出國產品的二～三成，但到了淡季仍不打折的價格，則相當於國產品的數倍之上。

我非常訝異有誰會去買這麼貴的商品呢？但有位對滑雪瞭若指掌的年輕人的話，終於答覆了我的疑問，他說：「穿上這家廠商所製造的滑雪褲，正足以代表自己是滑雪高手的象徵，雖然在國產品中也有品質絲毫不遜色的商品，但在滑雪界裡卻有一項不成文的定律，若不穿上此一廠牌的滑雪褲，即不被認定爲高手，所以不管價格多昂貴也要買，也因其價格之昂貴，才使人感覺到穿上它的喜悅感。」

自從人們選擇了廠商的惡性減價之後，經過很長的一段時間，所謂的「便宜貨沒有好貨」的時代已經結束了，但在聽了那位年輕滑雪者的話，使我深切感覺到價格昂貴對某些人而言，仍有其冠冕堂皇的價值。

對穿上價格不菲之滑雪褲的年輕人而言，品質的好壞是其次的，因為在這世上不正存在著不減價→高級品→穿上它連自己也高級的志向型思考模式，不是嗎？

既然在滑雪族裡此一神話成立的話，那麼賣方當然沒有減價的必要，如果你想減價，反倒是背叛了名牌的愛好者。所以昂貴的價格正是買方所付出的「自尊心搔癢費」，正如苦肉計中的一個願打、一個願挨，買賣雙方的心甘情願，你也不能責怪賣方的生意是如此作法，看來在我們的心中還留有不管品質的好壞，唯有價格昂貴才等於是高級品的模式，這倒是不變的事實。

如果你忽略了此點，難免會挫敗。有一家基層的電機廠商，為了想贏過和大廠商之間的銷售大戰，在某一段時間內採行大減價政策，本來想鎖定其零售價格相當於大廠商，但實際的售價卻便宜二成之多，如果想靠如此大減價來提高銷售額，那麼得到的答案是否定的。因為消費者一看折扣那麼低，反而視為畏途，如此削價傾銷一定是瑕疵品。

◆把「重擔」轉變爲「輕擔」的心理技巧——◆

在說相同事情時，有時改變單位有時分開來說

「從東京車站坐直達車僅僅七十五分鐘即到」——這是房地產廣告中常見的一句話，如果把這句文宣改成「離東京車站一小時又十五分鐘」的話，會讓人覺得好遠，不是嗎？

人們有一種感覺，那就是以分爲單位感覺較短，若改以小時爲單位，則會覺得好長，這即是房地產廣告所運用之人性心理技巧，有意地把小時改爲分的說法，使看到之人的時間感覺出了差錯。而且又添加上「直達」、「僅僅」等短暫性的語言，非常巧妙地把重擔轉化爲輕擔了。

我把這種數字模式稱爲「心理面的除法」或「心理面的乘法」。

明明是相同的數量，或改變單位，分開來說，或總括而言，即可產生錯覺減輕對方負擔的心理戰術。

在我們日常生活中也可常見此一心理技巧。例如：在水果攤前面寫著：「一籃五百元」，裡面裝橘子或蘋果，大小不拘，甚至還混入爛的水果，但是銷路卻不錯。因爲客人有一種心理認爲「成批的買多一點更爲划算」，比起單買一個一百元或是一百克賣二百元的零售品要划得來，這種賣水果所使用的心理面的乘法效果，減輕顧客的心理負擔。

又如許多塑膠貨幣的上市，技巧地利用「心理面的除法」。例如，一個人很難買下十萬圓的錄影機，但一聽到對方說：「每個月才付一千圓而已」就容易覺得「以自己的經濟能力也買得起」，暫時產生了心理面的除法效果，結果爲了負擔不重的錯覺而接連衝動地購買商品，導致陷入信用卡破產的主婦也與日增加。

同樣的道理，在給先生零用錢時，每天給一千圓或二千圓有點小兒科，不如一個月給一次五、六萬圓，先生會覺得有錢多了，雖然所給的金額總數相同，但除以三十天，天天領一點，會覺得太少不夠用，但說來奇怪，若按月給的話就綽綽有餘了。

◆把「哀求」轉變爲「責難」的心理技巧——◆

在緊要關頭時「哭」，借以責難對方

這是從選舉運動的老手那兒聽來的話，當一個很有可能吊車尾的候選人，其剩下的最後招數是「銀彈攻勢」或是連老婆小孩都總動員向選民哀求，即俗稱的「哀兵戰術」，如今在大都市已看不見那種情景了，可是據說在外埠，一到選戰前夕仍可見候選人率領全家大小，站在街頭，放聲一哭「○○人危險，不要令人丟臉吧！」結果得票數不同凡響。

從這件事告訴我們，人們難以抗拒哀兵戰術，因爲向選民哀求等於是向對方宣布自己是站在心理的劣勢上，而被哀求的一方在優越感的作祟下，明顯地被逼入下意識要答應對方要求的心理狀態之中。

而這種心態技巧在日常生活中也常會使用到，尤其是遇到很難當面指責的對方時，此招非常有效。例如在洽談生意時，碰到一個怎麼看都不可能接受我方要求的對

方時，最後的王牌是哭求說：「何不設身處地替我想一想！」因爲這句話裡還有話，他包含指責對方不講人情的感情在內，「如果你肯站在我的立場，就不可能說出如此的話」或「你稍微替我設想一些，有何不可！」但如果是太過直接的表現，很傷感情，所以改變一下方式改用哀求戰術，對方才不會感受到指責之意，而搔到其優越感的癢處，也就不太介意細節的條件，因此而上當了。

當然不必多說要常保比對方在心理上更優勢，而把對方納爲囊中物是一大原則，話雖如此，但有時也要視狀況，故意假裝比對方還要劣勢地哀求，以便引出對方心理上的讓步，也是必要的技巧。

可是太過頻繁地使用此一技巧，其效果會降低許多，因爲一個人如果反覆做同樣行爲的話，縱然只是演技，但久而久之，會鎖定成爲他的心理上的特性，雖然我們常見的只不過是演技，但在下意識中卻留下成爲暗示而主宰行動，演變爲卑屈之態，而絕對得不到別人的信賴。

所以，只能當成說服難纏的敵人之技巧來使用才好。

◆把「文宣」轉變爲「資訊」的心理技巧◆

同樣是文宣廣告若以資訊的方式來傳遞更能降低阻力

某一時髦雜誌的「妝扮專欄」中有一則記事，標題是「滑雪練習場的化妝法，需要比夏天更爲注意！」內容則是，有關在滑雪練習場時的肌膚保養法的忠告。

這則記事繼續刊載下去，才發現寫的是陰天的天空中也有反射光，如想亮麗一下，要塗上防曬乳膏，非常親切地教人防曬對策。

我在心理上還頗有同感，但一直讀到最後才發現記事的末端寫上「〇〇化妝品所提供之新聞報導」，這才覺得上當了，雖然在文中並沒有提到〇〇化妝品的商品名稱，這只不過是藉口提供「打扮資訊」的技巧文宣廣告而已。

而在同一本雜誌的其他頁數中刊載著「划算的旅遊密報」，其標題是「到一年如夏的夏威夷，輕鬆地渡過六日」，我的注意力被「這是什麼」的疑問在不知不覺中吸到了，直到我看到「關島五日遊〇〇圓日幣」時，我才意會過來，這是旅行業者的廣告，可是有人非得讀到最後才恍然大悟，因而生氣不已，但這的確是「划算的資訊」啊！

每個人都常會提高戒心「唯恐受騙」，尤其在看廣告時那種意識特別強烈，因為心中總覺得廣告是「賣方只告訴對他有利的事情而已」所致，可是藉口提供資訊在廣告作風上，卻是有技巧地達到消除消費者戒心的效果，因為經過設計，使廣告成為對買方有利，非對賣方有利所致。

人們對「資訊」二個字毫無抵抗能力，同時看到資訊即會相信他是客觀性的，而廣告所要的瞄準點即在於此。

因此，把週刊雜誌說成是記事來報導也是同理的例子。

而在週刊雜誌或一般雜誌上，常可以看見以廣告為目的之記事，雖不是明顯地打廣告，但像「電子革命的靈魂人物，侃侃而談超世紀的家庭生活」這般，乍看之下很像是特快消息而設計成一則記事的結構，其內容卻是介紹某廠商的商品。但是不懂內情之人，分辨不清他和普通的記事有何差別，這種廣告記事的效果相當大，常運用於要推出流行商品或暢銷商品之鋪路所用。

在電視節目中明顯地設下圈套，卻假裝並沒有預設立場的「yarase」（以假裝爲寫實紀錄片來爭取收視率的節目），因此，我們應分辨出「yarase」的記事，更要有眼光地分出文宣廣告和資訊之不同。

4 有了那句話即可改變對方的心情

語言的心理技巧

◆把「非」轉變爲「是」的心理技巧◆

避免直接攻擊對方，而改以假裝「自言自語」而攻之

提到自言自語，一般指的是當一個人獨居時所脫口說出無意識的話，但有些「獨語」是在雙方面對面，或一人面對多數人時，有意識地向對方發出的話，只要時機得當的自言自語，使對方認爲「不是」也是有可能的。

我認識一位推銷員正是這種「有意識的獨語」的高手，他目前擔任課長職位，但說正經的，因爲他個子矮小又瘦弱，根本談不上有威嚴、得人望，連他自己也有此自覺，而他害怕的是如果我「下令部屬做什麼事，他們會小看我，而不肯乖乖聽話」。於是他設計出一套獨語的戰術。

例如在冬天，屋內暖氣太強，讓人覺得悶熱難受，換作是一般人的話會直接下令：「誰去開窗！」但是他卻偏偏不那麼做，他會假裝悶熱難過打開領口邊自言自語：「好熱喲！」如此反覆做上二次這種動作，於是靠窗邊的女子自然會打開窗戶。

又眼見遲到的人數衆多，於是他自言：「大家不能早一點來嗎？」說著，在辦公室裡來回徘徊，而遇到大家在閒聊而工作效率不彰時，他會小聲地自言自語：「如果能快點辦好事，就可以早早回家去。」

雖然這是一個蠻有諷刺意味的心理技巧，但是攻擊對方的不是，卻是出奇地有效。其實當一個被破口大罵而毫不在乎的人，與其是面對面的罵他，不如被故意以曖昧言語來攻擊者的自言自語有效。因爲只要有自己不是之自覺的人，大多聽得懂那種獨語是指向我而發的，所以那種獨言更加令人難受。

本來一個獨言多的人，大多是屬於在直接攻擊對方的不是而感到棘手，且個性內向類型的人，也就是害怕對方之反擊而心理感到不安，這種獨語卻能技巧地彌補那種不安。

當二個人在交談時，假如已有共識認爲我方佔心理上的劣勢，這時佔劣勢者自言自語說：「是嗎？」「眞的嗎？」結果在心理上優勢之人一開始一副毫不在乎的樣子，只會心想：「這傢伙怪怪的？」如此而已，但到了最後，反而會反省是不是我出了什麼差錯呢？而有這種想法正是人性心理微妙之處。

◆把「不必要」轉變爲「必要」的心理技巧◆

使用「這個」「那個」等的限定語以隱藏「空盒子的真相」

聽說前陣子掀起熱潮的緋聞寫眞報導風在告一段落後，如今在出版界被喩爲三大柱的資訊雜誌、漫畫雜誌、電腦雜誌有如百花盛開，鼎盛一時，但在這些雜誌中大半當初勢如破竹之盛況已不再，且輕易地被判出局了。卻聽說仍有不少雜誌在創刊不久後的銷路頗爲可觀。

雖然他們的內容並沒有多大差異。但他們到底差在哪裡呢？當我在比較「標題」時，才意外地發現眞相，大凡成爲暢銷雜誌的標題上多見「這個」「那個」，諸如「想征服個人電腦唯獨此法」、「會成長的員工與被裁的員工，這裡不同」、「那個流行漫畫家又鬧緋聞了」等。

一般地說「此法」、「此地」、「那個」等被認爲是在限定的情況中，且先決條件是有具體的既成事實時才使用的語言，所以在標題上多用「限定語」時，必可使讀者心想這本雜誌一定滿載某種有用的資訊。

此外，縱然那個資訊已是衆所周知的，也會產生出說不定是自己所不知的不安感，於是衝動的買下雜誌。

因此，一本雜誌的標題取法技巧地利用讀者心理，他所扮演的角色是使讀者產生那個「空盒子」彷彿是個「塞得滿滿的盒子」的錯覺。

人性心理也眞是奇怪，如今人們可謂身處於資訊氾濫的洪水中，只怕自己跟不上別人而落伍，爲此感到強烈的不安感。而使用限定語的標題便緊緊捉住這種心理，所以只要技巧地使用它，說不定能簡單的把不重要誤以爲重要，或把沒有內容的變成有內容。

平日我也常使用「既然是那○○所說的話……。」如此的說法，因爲在我的心裡已經被那人在過去作風表現上及社會之評價所左右，即使是對那人不太熟，只要看到「那」的限定語，即誤以爲是既有的事實，還要求自己豈可不知。所以只要逆向操作使用「這個」、「那個」限定語的心理，連假相都可以假裝成眞相呢！

◆把「壞印象」轉變爲「好印象」的心理技巧◆

「謝謝您」不要在一開始就說，要留到最後才說

這是一則我在雜誌社當記者的朋友去採訪某位著名董事長的故事。他曾要求了好幾次，總算對方才首肯到他的總公司去拜訪，這次的採訪機會十分難得，但因爲時間有限而進行得不太順利，終於到了約定結束的時間，他道過謝之後正要離開董事長室時，想不到這位董事長卻親自送他到電梯邊，眼見電梯門快關了，來不及進去的剎那，他卻向電梯內的人大聲喊：「有客人要回去了，快開門！」自從聽了這句話之後，這位記者朋友立刻成爲那位董事長忠誠的擁護者。

雖然現在的情況是如何不得而知，但據說在松下幸之助他老人家還在世時，松下電器公司對於送走來公司參觀的客人，一律派在門口排成一隊，彎腰鞠躬歡送，直到客人的座車消失不見蹤影爲止，還習以爲常，成爲慣例呢！就算參觀中途有什麼不愉快之事，也會因爲最後的禮貌周到，而使客人不會留下壞印象而歸。

一般情況多見在最後才遭遇到不愉快之事，而在那之前所擁有的快樂氣氛將會一掃而空。

那是我招待朋友到一家法國餐廳用餐時所發生的事，那家餐廳的菜餚十分可口好吃，侍者也服務周到，不論是我或朋友均相當滿意。但是到了買單的時候，收銀員錯拿隔壁桌的賬單來向我請款，經我指出其錯誤時，對方卻硬是不肯承認錯誤。雖然最後是由店長出面查核才證明我是對的，但是我卻打定主意再也不上這家餐廳用餐了。

人類的記憶中有一種「系列內位置效果」。例如同樣是一連串發生的事，但是最初，中間和最後的印象卻帶給接受人不同的程度。一般而言，留下來的記憶或印象最強烈者是最初和最後的，尤其是一瞬間所受到的印象格外鮮明，甚至會左右全體印象。

美國某一零售連鎖店在訓練售貨員，其中有一項是顧客購買東西時，不只是「鞠躬說謝謝您！」而已，還要加上「你眞有挑選的眼光！」或「接到你送的禮物的人，一定會十分歡喜！」聽了此話的客人，心裡也會十分高興而心情愉悅的離去，這也是「系列內位置效果」之一。

◆把「不肯協助」轉變爲「協助」的心理技巧◆

以「大家都會了解」這句話，勾起協調的心情

有一次，我去買高速公路的回數票時，經辦人卻要求我把地址、姓名寫在票上，當時我心想區區一張回數票何必如此麻煩呢？在一瞬間臉上露出猶疑的表情，但在聽了經辦人說：「如果人人都寫上名字，萬一掉了，一看便清楚！」之後，說來奇怪我便自然答應了。

過了幾日後，又發生一件類似的事，我太太向郵購公司訂了某項商品，對方卻要打聽戶長的服務機關地址及電話號碼，看起來連戶長服務機關都要打聽，好像沒有此一必要，但對方只是要製成顧客名單，而我太太一副訝異的表情以對，然而對方果然做事幹練地答說：「其他的客人都協助我們呢！」結果是我太太也答應了。看來我們難以抵抗「人人都如此」的說法。

所以，在要求對方協助某件事時說：「人人都如此」的這句話是非常有效果的。

據說在小孩的世界裡最耽心的事是被排除於同儕之間，如果被同儕一腳踢開，會產生最大的心理不安感。

因此說：「隔壁家的〇〇，他們家也是這樣做！」才可使小孩也採取此行動而有效。雖然在大人的世界裡，對於被踢出同儕間的不安感，並沒有小孩來得強烈，但不可否認的，每一個人一方面盼望能發揮自己異於別人的獨特性，另一方面又害怕因爲勉強出頭而遭受到排擠。

於是能否逆向操作「被同儕踢出去的意識」，以站在「我得手了！」而暗自竊笑，端看平日對人性的觀察，及對社會風潮、消費動向等的關心有多深而定。至於女性的流行服飾即是一個很好的例子。有一段時期從社會風氣中顯示出若不穿迷你裙即不是女性，但到如今則比較收斂些。

那麼現在教你哪一招呢？因爲每個人根深蒂固都有「協調性心理」，且希望和別人相同，並不願意被一腳踢開。所以只要利用此種心理，不管對方多麼不願協助或不起勁，也可以靠著「人人都如此」的這句話，在對方心裡產生出「我非得插上一腳不可」的心情，說不定這將成爲一句「心理專用術語」呢！

◆把「不確實的資訊」轉變爲「確實的資訊」的心理技巧◆

以「這是我偶然聽來的話……」當作前言使用

在選舉的戰術中，有一招叫「澡堂裡的小道消息」。意指某一特定候選人的助選員三兩成群有意圖地到公共澡堂去口耳相傳，以訛傳訛地誹謗對立的候選人的手法。

首先，他們假裝在澡堂中偶然地碰見某一選民，在互拍肩膀：「好久不見」寒暄過後，其中一人放低聲調傳出對立候選人的流言：「這是我偶然聽來的話，但這次選舉的候選人中的某A有外遇，如今正是選戰正酣時，想不到他的太太卻跑回娘家去了。」此戰術的效果在於很快地在第二天由那間公共澡堂傳遍全市，把A候選人莫須有的緋聞當成茶餘飯後的閒語了，這即是小道消息可怕之處。

像這種流言擁有十足地信賴性被流傳開來，主要是因爲他的發生場所是在不特定多數人所聚集的公共澡堂，而且是以一傳十，十傳百的傳開來，聽到這些悄悄話的人，均有一個錯覺，那就是認爲對方並非專門講給我聽的悄悄話。

所以絕對不可小看小道消息之威力，其傳播力相當強而有力，最常提起的例子，是成爲社會問題的愛知縣的豐川信用合作社的擠兌風波事件。原來他的起因是由一個正在通學途中的高中女生，偶然在電車上聽到的事，並以她爲出發點，一傳十，十傳百，終於演變成爲一發不可收拾的擠兌風波。爲什麼我們寧可更輕易地相信不確實的資訊呢？而不願相信直接傳達的資訊，甚至還想把不確實的資訊傳給別人呢？

因爲資訊的背後往往隱藏有發信者的意圖和動機，當別人在直接傳遞資訊時，接受者均會產生戒心，一定會先確認對方是否可信賴，然後進一步確認他所說出的資訊是否具有眞實性。

但是以「這是我偶然聽來的話……」爲前言，就非常簡單的令人相信的資訊，這即是陷阱所在。

因爲對方透露是第三者的話，使聽的人誤以爲與發信者毫無關係，再說：「偶然聽來的」這句話，使人們誤以爲那種資訊已是人盡皆知的資訊，除了我自己不知道而已，而產生心理不安，因而更升高了此資訊的眞實性。這種「偶然……」式的心理技巧也常被有意圖地使用。

◆把「熱絡」轉變爲「見外」的心理技巧◆

故意使用敬語來擴大心理的距離

誰都有過陷入老練推銷員的圈套中，而投保了原本無意加保的壽險，或是被強迫購買不必要商品的經驗，之所以會被他說服的最大理由，是被對方花樣百出、改變我的心意的心理技巧而上當所致。

我們常聽說推銷員的秘訣是先解除對方的戒心，只要對方肯打開大門也就成功了一半。反過來說，最簡單有效地擊退推銷員的方法是緊閉大門，不讓推銷員越雷池一步。就算開門讓他進來，也要刻意把身體斜向對方，視線不肯跟對方相合，始終採取冷漠疏遠的態度，絕不讓他踏入「心扉」一步。因爲刻意避免跟對方在心理上的接觸，就算對方再能幹也無法敲開心扉。

可見一旦成爲熱絡的關係時，這個方法已不適用。例如，初次見面的對方尚且還有話說，但如果是對熱絡關係的對方，若故意顯示出疏遠的態度，會刺傷對方的心，就算你能技巧地當面拒絕對方的要求，但卻連基本的人際關係都被破壞殆盡，那麼，也不算是什麼高明拒絕法。

而有一種有效的方法，既能不傷及對方的心，又能拒絕對方的要求，即是在下意識地使用敬語，和對方之間拉大心理上的距離。根據某一位家事法庭的調解委員所說的話，他說正在離婚訴訟中的夫婦，大多是使用見外的敬語在交談，而這正是彼此覺得互相之間的熱絡感已漸漸淡薄中，相反的憎恨感在心理上的距離擴大的一種無意識的表現，其實一般人在初次見面的場合上，對年紀比自己小的對方使用敬語，不外乎是因爲他和自己心理上的距離較遠所致。

由此可見，隨著人際關係的親疏，換言之即表示心理上的距離有多遠，而在無意識中分別使用敬語與否。

也就是在熱絡關係中下意識地使用敬語，避免跟對方在心理上的接觸，婉轉地表明自己的意思，使對方覺得有「見外」之感，但順利傳遞了擴大心理上的距離感之意，至少對方不敢霸王硬上弓，提出無理的要求。

◆把「冷淡的關係」轉變爲「熱絡的關係」的心理技巧——◆

刻意說出難以啟口的事情

在電視暢銷節目中有一個「笑點」是收視率頗高的節目，其內容是一群人氣很旺的說書人，面對主持人所提出的質問以adlib（臨時穿插的對白）方式互相提出答案的機智（esprit）比賽節目。

這個節目給我的印象是身爲觀衆的我，都替那幾位演出者捏一把冷汗呢？他們互相辱罵嘲笑、壞話說盡，一開始我還心想這是電視節目呢……但其實在那唇槍舌箭的一來一往中，又豈是作作秀可以輕易排解的。

有一天，我向某位友人提及此事，而他正是電視節目的製作人，他說：「那個節目人氣很旺的原因之一，在於演出者彼此之間非常要好，否則是辦不到的。」聽他那麼一說，我才恍然大悟。仔細一想，他們彼此之間開口閉口漫罵不停，又不會留下後遺症，必須雙方之間擁有牢不可拔的信賴關係才可維持，否則無法成立。

如果你想在工作上跟對方有更進一步的熱絡關係時，或非要得到對方的信賴感時，必須採取一個出奇制勝的辦法，因爲在工作上爲了洽商或交涉而有來往的對方，不可能很快地推心置腹，彼此之間只是在互相刺探對方是何許人也，易流於徒具表面關係而已，如此一來，所進行的交涉與洽商將難有進展。

遇此狀況，如果能很柔性地說出平日難以啓口的對方性格上的缺點。例如說出：「我很了解你非常耽心，但你卻一直急著往壞的一方去下決定」，或「恕我冒昧說出我的感想，但你這麼做太愼重，太多慮了……。」這樣的話，因爲對方已聽慣了老先常談或客套性，對此容易產生出新鮮的感受。

而從那一瞬間起，對方對你的評價一定會跟以前大大不同才對，這時如果對方感覺到：「他眞是仔細觀察我啊！」的話，那麼在他的心中也就產生對我的信賴感的起步了。所以只要刻意說出難以啓口的話，即可把例行公事的關係轉變爲熱絡的關係，當然停滯不進之公事上的問題，也會朝好的方向移動才是。另外，若你想要刻意說出對方的壞話或評批的話，必須對於遣句措辭再三愼重才行。

◆把「口頭上說的嘿喲」轉變爲「眞心」的心理技巧◆

恭維話不要一次說完，要持續說上二、三次

俗話說：「多誇獎，連豬都能爬上樹呢！」像是「拍馬屁」的恭維話，如果一而再，再而三的持續說著，會變成眞實的事，使對方自動爬上樹也是十分可能的。

已故心理學家相場均先生的有關「暗示」的研究，其內容如下：在一九六〇年美日締結安保條約時，他曾召集參加反對示威的人做過一個實驗，首先他召集全體人員於一堂，然後把下面內容的文章唸給他們所有人聽：

「岸信介首相（當時的首相）可說是最出色的日本人，而我認爲安保條約應很快的締結才是，因爲他是防止共產主義侵略的最有力保障。」

幾乎所有參加反對示威的人士都嗤之以鼻地說：「說什麼傻話！」可是當相場均先生向這一群人反覆再三地唸這篇文章時，他們的態度和第一次聽到時的態度已有若干差異了，他們雖不至於突然贊成這篇文章的主旨，但當初嗤之以鼻的笑聲已不再，

倒是不爭的事實。

相場先生的實驗證明：如果一個人反覆再三地聽同一件事，即使是天大的謊言也會相信他，因爲人們的大腦受到相同的刺激，周而復始地，那個刺激會在意識裡留下成爲暗示，說不定在不知不覺中還主宰思考呢！

像電視廣告在同一時期持續播放著，可能也是針對此一效果所致。所以應用此一心理機制，想要如意操控別人也不是夢。

例如有一位職棒教練，曾在電視上說過那些徘徊在一軍和二軍之間選手的共同點之一是，差就差在他們並沒有某一種「擁有此招，任誰我都不怕」的絕招。

那位教練即是不斷地反覆誇獎，即使是假的也好，也要使選手誤以爲自己：「也有不輸任何人的絕招。」

聽說有人因此弄假成眞，球技不斷進步，成長爲爭取大獎的選手，可見此招拍馬屁，說恭維話的效果，不可輕忽。

◆把「攻擊」轉變爲「防備」的心理技巧——◆

刻意把對方捧上天，使他陷入不安中

在社會上有一種人具有異常攻擊性，開口閉口不是扯人後腿，不然就是數落對方的不是，否則過意不去的這種人特別多。碰到這種人，你如果採取正攻法，想改變對方的態度，簡直是不可能的事。

如果你用普通語氣去恭維他，或說一些客套話是沒有效的，現在你要改變政策，刻意使用誇張的口氣去誇獎和剛才話題毫無相關的西裝、扇子、房屋、院子等，且誇個不停，結果對方在莫名不安的心理驅使之下，其鋒芒外露的攻擊慢慢地遲鈍下來，在這適當時機，千萬不要錯過了，你這才慢條斯理地言歸正題，至於對方不要說要攻擊，連防備都得小心翼翼的。

心理學家H．G．奇諾曾說過，當一個小孩被過分誇獎之後，會覺得自己並不值得那種誇辭而承受心理上的負擔，於是開始惡作劇，以便消除不安感之類的話，特別是攻擊性的人，在長大成人之後也多是此類型的人。

關於此點，我曾與銷售汽車高居排行榜榜首爲誇耀的推銷員交談，雖然他所賣的汽車是排名第四位廠商所製造的車，但他卻是一個可以使開別家廠商之車的人，轉而改買自己公司所生產之車的推銷高手而出名。

根據他的說詞，在十個客人中有二個人對自己的車有某種不滿的情緒，而這在他看來正是擁有「換車」的潛在意願的顧客。而且聽他說，愈是那麼想的人，愈是對機械構造熟悉的「愛車人士」，因爲對車愈是內行，愈想擁有好車也是人之常情。

如果你去拜訪這種人時，他會滔滔不絕地向你誇耀自己的專業知識，甚至還把排名第四廠商的缺點鉅細靡遺地數落一番。那推銷員說這正是你趁機推銷的大好機會。因爲這種人比對車子漠不關心的客人，更容易說服了，眞是人心莫測啊！

他不會爲自己要賣的車護短，一心一意地誇獎對方，臉上流露出眞摯的表情，還由衷地說：「哇！連專業的我都上了一課呢！」凡是具有攻擊性性格的人或不滿意人士，愈是無法抗逆這種「捧上天」的作風。因爲推銷員明明知道誇獎會產生不安的心理，所以刻意把對方捧上天，直到他心虛感到不安爲止。

◆把「普通」轉變爲「特別」的心理技巧——◆

強調「你是特別」的，以搔到自尊心的癢處

誰都有過被直銷郵購口號「只招待本公司常客之特別優待的大拍賣」的文宣廣告所著迷，而喜出望外地跑到百貨公司去看，結果買回一堆無用物品的經驗。也曾有一高爾夫球場到處散發文宣「你被推薦爲本球場之特別會員」，爲此而召募了遙遙超過規定人數的特別會員而鬧出問題。

可見得「只有你是特別的」這句話能搔到人性心理的深處，其作用是使被搔到人心的人變成毫無防備，而容易接受對方所說的話。即使你本人是無意地，也會讓你產生意願，簡直有如著魔一般，被逼地買下不願意買的東西，或者誤以爲得到特別的恩寵呢？這正是人性心理不可思議之處。

如今我常回想以前曾出現過的，根據登錄的男女會員來介紹愛人的愛人銀行。像我是既羨慕又生氣，心想：「我們的社會到底要往哪兒去呢？」我有一個朋友還說：

「完全是胡鬧嘛！」而大潑冷水。但也不曉得對方從何處查出我那朋友的地址，愛人銀行寄出一份文宣到我朋友那裡，當時我心想我的朋友一定會很生氣，但想不到他還想入非非呢？眞是說來話長。

文宣上以斗大的文字印著：「寫給從年收入在二千萬圓以上的人當中，所精選出來的你的特別通知。」

讀者可能已發現到這段文宣字裡行間充滿了：「年收入二千萬圓以上」、「精選」如此搔到收信人優越感及自尊心癢處的文宣。難怪我那位友人會想入非非，雖然他並無意要入會，可是被此種文宣而上當的人，應該是不在少數。

有一家飯店一向爲參加在該飯店舉行婚禮的人準備交通車，聽說交通車的司機被訓練向客人大聲地說：「請問貴客跟我們董事長熟嗎？因爲公司派中型巴士接送時，一般只有對特別的顧客所提供之服務而已。」

其實那家飯店爲舉行婚禮的人一向都備有交通車接收，沒什麼特別的，但那一套說辭會使聽者心情特別好，結果會再次光臨那家飯店爲他最終的意圖的一種心理技巧。只要使用如此之甜言蜜語，任誰都會被捧爲「特別的人」！

◆把「未知」轉變爲「已知」的心理技巧——◆

刻意使用曖昧的話，然後信不信由你

以前路旁的江湖術士手裡拿著一副很大的眼鏡，劈頭就問你：「你家門口邊有沒有一棵松樹。」事實上，如果你家門口眞有一棵松樹，你會認爲這位江湖術士眞準，萬一沒有松樹，那麼江湖術士會改口說：「果然沒有，那太好了！」以如此強辯的方式，絕不讓客人產生不信任感。乍看之下，他給客人的印象是他斷定：「有松樹的！」但其實這是一句很曖昧的話，隨客人之回答而隨機應變。

這些江湖術士非常技巧地使用曖昧的言語，使客人深信不疑於他所算的命奇準無比。又例如說：「我看你跟水有緣。」的說法，乍看之下指的只是「水」一件事而已，但是內容曖昧不明，例如人的姓名如「水野」或「川井」跟水有關係，又如色情歡樂場所、水電行、水手等均跟水有緣，也有人住屋附近有川、湖等。

可是人性的心理很奇妙，只要有人投給他曖昧的言語，他會拼命想出和那句話有關的事情來。如果他被算命的告之跟水有緣的話，他會從以前的經驗中找出「聽他這麼一說，果然我在小時候差一點就溺死於河中。」跟水有關係的事情出來。如此的算命方式眞是輕鬆愉快，在這裡未知者變成已知者，有人曾說算命的圈套即在於如何技巧地運用「曖昧語」，依我看來眞是一點也不誇張。

所以要技巧利用曖昧語所帶給人性心理的效果，就算你想改變一個不太熟的對方，也非難事。像是一流公司的經營者等，自然是深知這種心理技巧，而逮住員工心理。例如，在走廊或洗手間和部屬擦身而過時，他會拍拍員工的肩說：「我看你也大費周章，但仍須好好加油！」如此激厲一番，其中的「大費周章」一語實在是曖昧不清，不知意指何事要大費周章一番，眞是莫名其妙，但是員工聽在耳裡，就這麼一句話足以令他感動萬分，認爲上司頗熟悉自己的事。

在「大費周章」的一語中包括工作、人際關係、家庭等的各種「大費周章」的事，而員工卻從中選出對自己有利的「大費周章」來任意解釋爲：「董事長知道我正爲人際關係煩惱而大費周章呢！」原來有效地使用曖昧語，竟然可以使對方誤以爲你連他在煩什麼都一淸二楚呢！

◆把「痛苦」轉變爲「快樂」的心理技巧◆

不只是表面上的鼓勵而已，還要傳遞達成時的喜悅

我在學生時期的某年秋天曾登上富士山，其實並不限於富士山，任何山嶽在接近山頂大約七、八分高處時，正是最難爬的陡坡，尤其對一個初次登山的新手而言，爬到此已是精疲力盡，累得要命，因此，有許多人比山頂更懷念起山麓而放棄了攻頂。

當時我也是在八分高處的附近，同行的山友間迷漫著一股想放棄的氣氛，雖然領隊不斷叱聲勉勵，咆哮說：「再爬一點，就到山頂了，只要振作發憤一些，你們還算是男人嗎？」可是效果並不彰，就在大家都想放棄攻頂之時，有一位登山者下山所說的話，挽救了此一危機。他說：「山頂上的美景，眞是美得筆墨難以形容，你們只要再忍耐二十分鐘就可以飽覽一望無際、美不勝收的風景了。」結果所有隊員刹那間勇氣百倍，絲毫不費力的即攻上山頂了。

沒有登山經驗的人會心想：「那麼辛苦爬山，有什麼樂趣可言呢？」但是對一個

登山經驗豐富的人來說，可能跟他充分的累積訓練有關，但有一個更大因素是他比誰都更加了解攻上山頂時，那份心中的感動。

像這種登山的心理，不正可充分運用在改變第三者的心，不是嗎？美國以行銷顧問出名的愛瑪・賀勒（Almar Hoiler）曾舉例說明喚起顧客購買慾望的說服法。

當人人都只站在電車內附近，使上下車都很困難時，不管你如何拼命吶喊：「請大家往後走動些。」幾乎都沒有什麼效果。但如改說：「裡面還有空位」的話，大部分的人都會往後移動。

愛瑪・賀勒舉出此例，是想要說一個人其實在遇到麻煩時，只要他知道他是某種好處之一，則絕不會訴苦、埋怨的。

所以想要操縱一個人時，就要給對方一個明顯的印象，告訴他，他的勞力將可以引來的具體報酬，即是「好處」。好比告訴他：「快結束那項工作」，不如改說：「快快結束的話，下一個工作會綽綽有餘。」如此將使對方感覺到現今之「痛苦」，在報酬的美果前是微不足道的，這樣才算成功了。因爲在這個節骨眼上，人們的「痛苦」可能早已變成「快樂」了。

◆把「友誼關係」轉變爲「戀人關係」的心理技巧——◆

想打開對方封閉的心，就叫他名字吧！

那是由我作媒的學生之間的故事，他們小倆口一道來找我，並請求我爲他們作媒，當我問到他二人當初認識的動機是什麼時，女方回答：「有一次突然聽到他叫我小莉（小名）時，在不知不覺中已想入非非了。」而在那之前，男方一向是直呼姓名，但曾幾何時，對方已改口叫自己的小名了，於是女方認爲和他之間的心理距離，一下子縮短許多。

「以前雙方不過是普通的『友誼關係』，但在改變叫名字的方式之後，雙方的關係搖身一變成爲親密關係，即『戀人關係』」，可見稱呼的方式帶給人們心理上的影響，比我們想像的還要大呢！

上任總理不久後，頭一次赴美訪問的中曾根康弘，和當時的美國總統雷根會談時，據說即是互稱對方爲Ron、Yashu，不必說明即知Ron是雷根的姓的縮寫，而

Yashu即是中曾根康弘的康的發音。中曾根總理是想在國民面前強調雙方既親暱又友好的關係，所以直呼小名。的確除非雙方的關係是相當親密的，否則直呼對方的小名，只怕在心理上或習慣上均會覺得十分尷尬。

初次見面的人，當我遞給他我的名片時，沒有一個人會直呼我「小輝」的，一開始尊稱我爲「教授」或「老師」，直到交往到某一程度之後，才改叫我「多湖兄」。

從心理學上的觀察可以證實，隨著二人心理距離之縮短，彼此之間的互稱會從「頭銜」→「姓」→「名」的改變叫法，所以當二人的關係想從朋友轉變爲戀人的關係時，這種心理技巧說不定是十分有效的。

眼見對方遲遲不肯打開心扉，推心置腹，雙方之間的距離遙不可及時，你不妨直呼添加了親密味，又不使對方覺得唐突印象的稱呼，說不定能意外加速使對方心扉大開。

下面有一則類似的話題，日本前總理佐藤榮作成爲熱門話題的是他以前曾經說過：「我眞想被人們叫做阿榮」，因爲他是官僚出身，所以很難獲得國民的親近與共鳴，如今回想起來他並非是詼諧作秀，說不定這是他十分熱切盼望的。

◆把「嘮叨」轉變爲「簡單」的心理技巧◆

如果你覺得那件事很嘮叨，在一開始即表露無遺

基本上想改變對方的心，必須要技巧地操縱對方的心理面的熱能和感情面的均衡，誘使對方在不經心中肯定我方的說法才行。相反的，如果我方好處佔盡，無懈可擊，或始終站在優勢的立場上，那麼對方的心理會築起一道銅牆鐵壁，其心機也會深藏不露。

所以有時也有必要假裝告白自己的弱點，姑且讓對方感到優越感的心理技巧，也是十分必須的。但須注意一點，必須從頭到尾是假裝的，千萬不能告白自己眞正的弱點，否則變成「叫苦示弱」，反而使對方有機可乘了。

假裝告白自己的弱點，不但具有吻合對方感情面的均衡效果而已，反過來也有隱藏自己邏輯上弱點的好處。事實上人性心理十分矛盾，如果對方在我方指出其弱點之前，先由他本人親口說出，那麼，聽話的人只好對那一個弱點睜一眼閉一眼了，因爲

已被對方搶了先機，所以無法把他當成爭議點了。

例如說：「也許你很嘮叨」即可隱藏住那份嘮叨，又可以說：「好像我一直持續說個不停。」只要在一開始就說了這句話，之後就可以持續地說個不停了，這時對方心理面的均衡也不會崩潰而生氣。所以只要事先說：「也許好像我的說法很極端偏激……」就不會帶給對方名副其實的極端偏激印象了。

此一技巧的要點在於「……也許好像……」的曖昧語，筆者我在本書中也使用此種技巧，不知各位讀者有沒有發現到呢？

如果你表示要「拖泥帶水一番」的話，聽話的人在尚未進入本題前，就已被你的「拖泥帶水」的嘮叨感到厭煩，而心想：「的確眞是嘮叨！」那麼到此爲止，話再也說不下去了。可是如果你改說：「也許你會覺得嘮叨？」對方會直覺反射地回答說：「哪裡，沒有這回事！」這就是人性心理不可思議的奧妙。

雖然我也說得很嘮叨，但是嘮叨或持續地說個不停、說得很極端也絕不是壞事，自是不必贅言，問題端看雙方關於那件事到底懷有什麼感情，然後如何把那種感情反映在說話的進行中而定。

◆把「別人的構想」轉變爲「自己的構想」的心理技巧——◆

你要加上一句話：「我早就想過」

聽一群小孩子們在會話時，會發現如果其中有一個小孩會向大家公開一個獨特的知識或遊戲的構想，然後幾乎可以說有一個小孩會自我主張說：「那種事我早就知道。」或「我正想要說呢！」其實他並不知道或眞的沒有想過，只不過是一種好勝心理在作祟而已。但是這種好勝心理看你如何去運用，他可能會成爲彰顯自己能幹的心理技巧。

在開會時，當直屬上司得意洋洋地說明新構想，這時誰都會似曾相識地心想：「哇！那是我以前告訴過上司的構想。」碰到這種狀況，誰都想當面拆穿上司偷我的構想的事實，但是萬一這麼作之後，對方頂多會反駁說：「那麼，你當初爲什麼不提出來呢？」

再說，你又不能夠一探究竟對方葫蘆裡到底賣什麼藥？在此時你跟對方辯論也是白費心機。要想對付這種人，只須把他人所提出的構想都當成是自己構想的暗示。

面對勁敵所提出之構想，要說：「我也同樣想過。」或是「你剛才所提出之意見，我已充分了解，不過換個角度來看……。」以此話封住對方的發言，然後再添加自己的想法，如果此一技巧能運用自如，在勁敵的構想上加油添醋，把那構想全部納爲己有，也非難事。

我有一個當主編的朋友，他即是單靠此一心理技巧而當上主編的。雖然他自己的原始構想付之闕如，但對於重新安排構想之手腕，卻是十分高明。他能百分之百的活用自己的能力，一旦出席企畫會議的場面時，一開始他會保持沉默扮演聽衆，不久之後，等到大家的意見都出盡了，他才針對自己矚目的別人構想說：「○○人的構想，我也想過！」然後再滔滔不絕地陳述經過自己添加的意見。

由於他添加自己的意見非常巧妙，所以他的企劃大多被採用，還獲得最會出點子的好評。仔細一想，在實現性尚未被證實前的別人構想，從中找出值得推銷的剛萌發之新芽，替他重新安排，最後成爲自己的企畫而被採用，這才是一個企畫家發揮所長的關鍵所在。

5 捧他、罵他、誇獎他

震撼的心理技巧

◆把「隨性」轉變爲「期待」的心理技巧◆

要使對方的心朝向我方時，要活用「偶爾」的效果

某一本女性雜誌上刊登了一則記事，內容是說想要操縱多數的男性時，在三次的約會要求中至少答應一次比較好。我非常佩服時下年輕女性的心理技巧。因爲在三次約會中答應一次，的確是十分有效地吸收男性的技巧。

如果每次的要求都答應的話，只怕男方很快就會厭膩了，話雖如此，但如果每次都加以拒絕時，又怕男方知難而退，另找目標把他的關心轉移到別的女性身上也說不定。因此，三次中至少有一次得到的答案是「好啊！」

由於男方心想：「說不定下次對方會再次答應！」的期待感之下，使男方對此一女孩的關心會持續下去。

雖然我們並無法保證這種把男性要得團團轉的技巧，事實上到底能留住男性到何時，但是此一技巧充分地符合學習心理學上面所說的「間歇強化」的原則，這是經過

了心理實驗的確認：「針對正確之反應，凡是以間歇性的得到報酬之狀態的體會反應，當其報酬已完全停止後，仍顯示出其持續反應的傾向仍舊很強。」

在此實驗中，準備二個盒子，並在裡面放置實驗用的二組老鼠，一個盒子裡是只要一按桿子，必定會出現餌的裝備，另一個盒子卻是偶爾出現而已，任何一盒中的飢餓老鼠都發現了有餌的裝備而持續不停的按桿子，然後改爲不再出現餌的狀態，不久之後老鼠都不再去按桿子了。

那到底在確認不再出現餌之後，哪一盒的老鼠會持續按得比較久呢？從實驗中發現答案是偶爾才出現餌的一盒中的老鼠。因爲每按必出現餌的老鼠中，一看餌不再出現即停止按桿子的動作。

像這種偶爾獲得報酬的「間歇強化」，其行爲更容易持續長久，關於這點以柏青哥爲例子即可一清二楚，因爲鋼珠偶爾會進洞而得到報酬，才使客人欲罷不能。

例如在管教小孩時，希望能多多活用此一原則，雖然在管教小孩時給予「獎賞」是非常有效的，但如果是偶爾給的話，更能使小孩關心且朝向獎賞的那一邊。

◆把「大的負面不利」轉變爲「小的負面不利」的心理技巧——◆

使用「差強心理」，使員工在公司改革中接受貶調

提到愛因斯坦的「相對論」等，也許大家很難理解其理論在說什麼，但他主要是說世界上一律有自己，也有對方。像人類社會上所發生的事情，根本不可能有絕對的評價或判斷的基準，必須先設定某一個座標軸才產生任何的判斷。這在心理學上稱爲「對比效果」。

例如，當你在判斷某事時，在無意識中一定是拿「什麼」作爲對比。一般而言在經過提示某件事當作判斷的基準是社會上一般的常識，換句話說是一種共同感覺，而把他當作一邊的軸，把被提示的事當另一邊的軸，經過對比而進行自己的評估，這可說是「心理面的方程式」。

現在假定事先經過提示的事，完全不管常識，而被此二軸所塞滿之大腦裡，卻儘量想選擇對自己有利的一方，在仔細思考下，本來是根本無法接受的要求，在那一時

刻裡，心理上覺得這邊還算差強人意，也就不加反抗地順利接受了，此即稱爲「對比效果」。如果有意圖地拿出大的負面不利讓對方去做比較，就能使對方覺得原來的小的負面不利微不足道，而改認爲是正面有利了。

同樣是在下調動令時，如果上司告訴被調的員工說：「其實我曾想過要把你調到北海道的稚內分公司去……。不過那兒太遠了，你須大費周章一番，所以我想改派你到仙台分公司，你看如何呢？你要加油喲！」

其實不管是稚內或仙台，比起在總公司上班，都算是貶調，可是經過上司這麼一說，對比的框架只有稚內和仙台而已。剎那間念頭一轉：「如果調我去仙台，我就高興去上任吧！」這才是人性心理之機制。

想改變讓對方心甘情願地接受，關鍵在於如何選擇對比的事項，如果是拿東京和仙台對比，其效果不彰，至於福岡和仙台說不定效果也不大。

如果最初所提示的事項會引起強烈的拒絕反應，即可逆向操作差強人意的心理，把大的負面不利改變爲小的負面不利。

◆把「偶然」轉變爲「認命」的心理技巧◆

反向利用對偶然的神秘性，進而強調「必然性」

不分古今，凡是描繪男女戀愛的浪漫史，均壓倒性的受到年輕人的支持與喜愛。雖然每一個愛情故事都一模一樣，但此類小說有一個常用的心理技巧。

男女主角的邂逅經常是「偶然」的，如彎下身去撿手帕的男主角，抬頭看到「長得跟初戀的女孩一模一樣」的女主角，後來又有第二次的偶然，例如在派對上偶然巧遇，正式的戀愛史於焉展開了。

爲什麼如此單純的情節會大受歡迎呢?原因是人們對於偶然有一種神秘性所致，既然人們看不見未來，那麼或多或少非依靠命運或偶然不可。所以只要一聽到對方說：「眞是奇遇！」或「不可思議的緣份」，才覺得怪怪的，彷彿跟對方很親密，這時設計是有意地產生一而再，再而三的「偶然」，即使平常不相信命運的人，也非接受命運的束縛不可。

以推銷壽險的業績排名全國第五名的女推銷員也說過相同的事。這位女子乍看之下只是一位普通的中年女性，一點也不像推銷高手，再聽她木訥的說話方式，剛開始連我都十分懷疑爲什麼這位女子竟然是……。

可是繼續聽她說下去，我才恍然大悟：「哇！原來如此啊！」這位女子在向女性顧客招攬壽險時，必定會強調「命運」。

首先她會說：「雖然我是不相信命運的，但唯獨對你是例外的，因爲我感到強烈要你投保不可的使命感！」接著再說：「像上一次經由我招攬而投保的顧客，在加保後的第二個月，其先生突然意外死亡……。那位顧客是我在路上的同一地點偶然碰見三次的太太，我是以這不可思議的緣份才使她投保的……。」

她的話一點也不假，但如果要在雞蛋裡挑骨頭的話，只是日期不是「前些天」而是剛剛開始拉保險的半年左右，並經過她的潤飾程度而已。

的確女性有難以抗拒算命或宿命論的傾向，而她發現此招非常有效，所以之後她通通以宿命論貫徹始終。

◆把「嚴苛的條件」轉變爲「寬鬆的條件」的心理技巧◆

一開始先提示對方無論如何也無法接受的條件

這是一則我從有關電腦頂尖推銷員那兒所聽來的初步接洽秘訣，他在推銷電腦系統時，絕對不會在一開始交涉時即打折扣，首先除了原價之外還加上維修費、工程費等，提出令對方意想不到的預算，當然對方不可能答應，於是開始討價還價，是否能便宜些。

在第一階段須表明不可輕易讓步，接著反覆幾次的交涉後，才退一步說：「那維修費算一半好啦！」或「原價打九五折左右程度……」等的妥協方案，因爲在一開始已提出嚴格的條件，這時把原價打折，使對方覺得這已是很大的折扣了，其實那妥協方案已有賺頭了，但在對方答應後，也不要立刻訂合約。

他會告訴對方：「那麼，我向上司請示這個金額妥當嗎？」如此隔了二、三日的空檔，對方已感到不安了，看準對方的不安感達到最高時，才一副心不甘情不願的樣子去訂合約。經過如此的手續後，不但我方已賺夠了，還帶給對方滿足感，及下次交易的契機。

如果你一開始即提出嚴苛的條件，之後才提示妥協方案，其實那妥協方案也算嚴苛的條件，但對方看來卻好像是寬鬆的條件，因爲人的心理起了「對比效果」作用所致。如果使用此一對比效果之交涉對象換作是外國人或初次見面的人即不太適用。而內心想提出充分的要求，但實際上卻客氣地說：「一點點就夠！」其實是不夠的，可是在言語上要客套一些，以期待對方有善意的回應。

關於此點，歐美人恰巧相反，自己有什麼要求，就斬釘截鐵地說，還增加十倍、二十倍的提出要求，只要對方打對折，就算得逞了。

在剛開始先提出嚴苛條件之後才顯示妥協方案，使對方誤以爲是「寬鬆的條件」的心理技巧，也常運用於職棒選手的管理上，在集訓營中嚴格規定門禁等，選手被迫過著有如修道院般的生活。當然選手們不滿而提出抗議，教練只好讓步其中的幾項，選手們這才肯定退步後的條件，進而接受了。可是萬一開始即提出充分讓步的條件，若還要讓步，豈不沒有退路了嗎？

◆把「微不足道的工作」轉變爲「有意義的工作」的心理技巧——◆

標榜正義之名，以消除戒心和怯意

這是很久以前的事，有人散佈流言說只要收集七星牌香煙外殼上透明塑膠紙上的銀色帶，即可以領到社會福利的補助金，結果連不抽煙的人紛紛跑到老煙槍那兒去要此銀色帶，但仔細一想，此話非常矛盾。

話雖如此，仍有不少人受騙，認眞地收集銀色帶，原因是他們高高揭起爲「社會福祉」的「崇高」目標所致，據說此流言之來源已不可考了，可是最初創作此一流言的人的確有創意，且熟知人性心理的弱點。

至於高揭崇高目標或正義之名者，並不限於流言，且是自古被認定是能成功的說服別人的心理技巧之一。

有名的馬基維利（Machiaveui）曾說過人是受慾望支配的動物，但他和其他動物不同之處，在於他擅長戴上正義的假面具。

的確，人只要有正義之名爲藉口，即可安心地按照自己的慾望我行我素，連平常不敢做之事，也敢付諸行動的情況不少。

一個士兵在戰場上可以毫不在乎的衝鋒殺敵，可是換作在承平日子，他是絕不敢輕易去殺人的。可見有了「保衛心愛的祖國」的正義之名，才可使善良的老百姓上戰場去殺敵。最近色情電話的受害者大幅增加，他們僞裝成「年輕女性的行動和意識調查」等的名義，使平日正經規矩的女性居然也講出令人瞠目咋舌之內容的話，這也是因爲在電話中看不見臉孔，再加上協助調查的正義之名爲藉口，而鬆懈了羞恥心及戒心所致。

當建設業界的圍標問題成爲媒體的熱門抄作話題，且嚴厲批判官商的利益輸送體質的情況下，有不少員工會心想圍標這一勾當既不正常也不好。但若被賦予了「爲公司設想」的名義，那麼剛才所說之個人正義感只好擱在一旁。

在公司意識強烈的日本，在「爲公司設想」的名義下，有的公司上上下下群起而不法，也是無法否認之事。

◆把「要求」轉變爲「反省」的心理技巧——◆

顯露出更大的不安，使對方自認他的要求太過分

有一個後生晚輩於星期天到我家來玩，他向我埋怨訴苦他那小學三年級的男孩，動不動就吵著說：「我要小明所擁有的玩具。」或「阿華有架什麼型的塑膠模型，我也要買。」他的要求永無止盡且愈來愈高，父母親愛子心切只好有求必應，結果花費不盡其數，眞是受不了。

聽完他的話，我向他提出忠告：「何不簡單易懂地告訴他，還有許多孩子比自己差許多呢！」當天他就若有所悟地回家去了，過些日子再向我報告說：

「經過我多方考慮之後，最後決定買一本非洲飢餓受苦小孩的寫眞集回家給我兒子看。我兒子剛開始看到瘦骨嶙峋的小孩時嚇了一大跳，不久後即很認眞地頻頻點頭聽我述說非洲的故事，從此之後，他再也不說要買這個，要買那個的話了。」

在大人世界或商場上也常見一方提出某種要求或主張，硬是不肯退讓半步，使另

一方困擾不已。例如：雖然此際社會一片不景氣聲中，可是我看到許多勞資糾紛與爭取獎金時，勞資雙方找不到任何交集，勞工工會提出自己的要求連一步也不肯退讓，因爲他相信自己的主張和要求是正當的所致。

而爲了要使勞方撤消此一要求，資方所採用的戰術之一即是使勞方自己體悟到他們的要求過分而不當的作法。

本來要判斷那些要求是否正當，有不少情況是主觀性與相對性的，這時先不要拿過去的例子作比喩，最好是提出比對方更爲悲慘或不幸的例子給提出過分要求的對方看「有一個熟人的公司幾天前才倒閉了，聽說在一片不景氣聲中根本找不到重新就業的機會，可憐那些員工每天過著戚戚不安的日子！」這時勞工工會很有可能落入資方的戰術圈套中，改想自己已經算是不錯的印象了，再進一步想說不定還覺得自己的要求太過分了，而使勞方態度有了轉機也不無可能。

◆把「不信感」轉變爲「信賴感」的心理技巧◆

提出別人的壞，借以轉移注意力

有過類似如下笑話經驗的人應該不在少數，即上當買了附有「謹防假冒」字條的假貨。這種行爲怎麼看都像是騙人的把戲，但仔細深入一想，憑心而論，還不得不佩服他們棋高一著。

進而有效地玩弄此一手法的是缺德的推銷員，他們一定會留下親切地忠告：「在這個社會上，存有許多許多壞的同業，你千萬要注意不要被騙了！」才揚長而去。他所應付的主婦才不會想，難道他本人不也是一個缺德的推銷員嗎？

結果是如何呢？等那推銷員來過幾趟之後，其實客觀的看是很不利的條件，但那主婦心想：「唯有此人值得信賴！」於是把不信任感轉爲放心了，那主婦從推銷員手中所購買來的商品，待日後才發現那契約對自己很不利，已爲時晚矣！

他們騙人的伎倆是透過分析才趁虛而入，他們共同處是刻意強調別人是壞的，而鑽心理的漏洞。因爲「好人」總有一種心理認爲對方不是「壞人」，如果對方是壞人才不可能刻意公開缺德的手法，而陷自己於不利的立場中，如果我們聽一個房地產掮客說：「我雖然不願意罵同業的壞話，可是有的房地產掮客眞的很壞，使我們家受不白之冤。」我們這些好人是做夢也想不到他們居然是一丘之貉。

但仔細聽他的話，他並沒有說自己是例外的，至於你會想他是例外，那全是你一廂情願的想法。而他只是刻意強調別人的壞，轉移你的注意力，言外之意才是主張自己是例外的。

令人感興趣的是這種騙小孩的把戲，照樣有人會上當的事仍是不絕於耳，這頗值得提供我們此一心理技巧的有效暗示。

不過既然此一手法被公開出來，所謂：「道高一尺，魔高一丈。」他們會改變花招，玩弄更高招的手法，對於此點要小心防範才是。

但在此時，萬一你是站在惻隱心的觀點上向對方說明同業間的壞勾當，只怕對方也會誤會你在使用此招，所以如果你想讓對方明白了解你與同業之間，唯有採取正攻法，與同業劃清界線一途，別無他途了。

◆把「右」轉變爲「左」的心理技巧——◆

使對方不斷回答「是！是！」而建立心向（Mental Set）

有一位世界著名的美國臨床催眠大師美爾敦・愛瑪生（Milton Enerson）他所使用能順利引導人們進入催眠的方式，是準備一些能讓對方回答「是」的問題。也就是使對方一連串說「是」的答案，慢慢建立起任何質問都問答「是」的「心向」（Mental Set），技巧地使用此一方法，說不定能輕易說服不願調動的員工，使他首肯。

「你看精神很好」，「是啊！託福！託福！」

「再說你太太和小孩好嗎？」，「是啊！他們也都很好！」

「今年算是你的本命年，是嗎？」，「是啊！我是屬龍！」

如此一問一答，持續個沒完沒了，但答案千遍一律答「是！」透過事先精挑細選的質問，最後才進入本題。

「這麼說，這次的調動，你當然會去。」，「是啊……。」

也許有人會懷疑像這種騙小孩的把戲能行得通嗎?但是進一步作心理上的說明，就是這麼一回事。誰都有過此種經驗，當回答「不!」之時，除了拒人於千里之外，在心理上也會不太舒服，也因爲這種心理上的不快感，所以在無意識中產生避免回答「不!」的心理。

反之，肯定回答「是」時，在心理上很舒服，也很輕鬆。因爲回答「是」，在心理上也是非常自然的事，因此，你只要繼續發出能引出對方回答「是」的質問，如此便可在對方的心理上建立起自然而不勉強的「心向(Mental Set)」。

我的意思是說一旦架構好的「是」的心向，不太可能被一個質問而轉變爲「不」的，在前面調動員工的例子中，此人不得不回答「是!去啊!」全是因爲這種心向在作祟所致。

據說英國的生意人在和顧客洽談中，會提及包括了音樂、美術、文化等錯綜交織而成的話題，刻意造成相同的共識，而後在談話的延長線上正式亮出生意經，這時顧客既然已取得了共識，如今想拒絕都開不了口。

這可說是利用「心向」的心理技巧之一。

◆把「小恩惠」轉變爲「大恩惠」的心理技巧◆

要付諸實施「欲射將先射馬」（意即愛屋及烏）

我有位當董事長的朋友，每到過年過節總不能免俗地收到一大堆禮品，而這些禮品多到連誰送的都搞不清楚，聽說他只留下看得上眼的東西，其他一律整批交給百貨公司去處理，但有一年歲末，他卻接到一份令他驚奇得脫口說出：「謝謝！」的禮品。

那是很久以前的事，當時美國正流行「高麗菜田的洋娃娃」，也不知道他到底透過什麼管道才買到的，卻寄給了董事長的小女兒，這份贈禮果然充滿了新鮮感，但是他不把這份新奇禮物寄給董事長本人，而改寄給他的小女兒，更使董事長深深覺得他的誠意。

我也曾有過類似的經驗，當我應邀至某家電器廠商所主辦的演講會時，經辦員送我到車站去搭車，我不經心向他透露：「家母正在住院中……。」第二天主辦演講會的課長不知從哪兒打聽出家母所住的那一家醫院，而親自到醫院來探病，我被對方的盛情好意嚇一跳，繼而感激之意自不在話下。

可見得，雖不是對我本人，而是對我的家人表示體貼之意，反而比對我本人示好還更能深深感動我，因爲我心想：「想不到他竟然如此用心！」這就是所謂的「愛屋及烏」，即對待對方家人比對方本人更厚待的作風，使本來對他沒什麼印象的對方，誤以爲他是多麼的用心良苦，是一種十分有效的心理技巧。

我知道有一家公司在招待交易對象時，一向是連太太們也一併招待在內。如果只有招待交易對象時，這不過是各取所需的生意關係而已。但透過了太太們的參與，立刻會建立起非正式的關係。

換言之，會從邏輯理論世界轉入感情世界。同時也會得到很少有機會能恭逢此熱鬧場面的太太們對公司當局的用心感激不盡，而太太們的這種感激心情不傳給先生才怪呢！結果十分有可能對「連太太都如此用心」招待的公司心存「大恩」，即使對方提出些許無理的要求，莫不言聽計從。

◆把「忠誠」轉變爲「背叛」的心理技巧◆

以個個擊破的方式，攻向集團中每一個人的心防

名演員亨利・芳達所主演的電影『十二個怒漢』，給我留下深刻的記憶，爲什麼呢？其故事情節是追蹤十二個陪審員如何爲正在審判中的少年嫌疑犯，到底該判有罪還是無罪的審判過程。

至今我仍是記憶猶新，原因是在十二個人當中唯一主張無罪的亨利・芳達，以剩下的十一人爲對象，逐一地讓他們贊成自己的主張，而她所採用的手法非常漂亮出色。其餘的十一人是由主張「有罪」的集團所組合而成的。

如果採取正攻法的話，劈頭指責對方的不是，只會使他們更加鞏固他們的集團而已，後來她改採有邏輯性的擊破物證及人證的漏洞，還以個個擊破「每一」陪審員，而非「集團」的心防方式，成功地改變他們的觀點。

當亨利・芳達針對自己的反證逼問對方時，這時她的問法不是：「你們怎麼

想？」而是「你怎麼想？」而在陪審員中又分爲二派，一派是認定有罪的強硬派，另一派則是聽天由命的溫和派，還有人一直保持緘默，認爲難免仍留有疑問，卻又缺乏明確主張之依據，因此乾脆保持沈默。亨利·芳達極富耐心地攻向每個人都有的微妙不同想法個中的漏洞，終於贏得全體一致宣判無罪的判決。

每一個人都曾有過類似的經驗，就算我對於自己所屬的組織或集團的方向有合理的反論時，想硬要主張自己的想法進而更改組織的方針，談何容易。但其實不管如何，誇耀自己的集團多麼牢不可破地堅固，追根究柢集團也不過是由個人聚集而成的，說不定其中也有人心想，單獨一個人會令人心寒，只好投身於組織之中，以便獲得心理上的安心感。

所以，當你想使對方的集團聽我說話時，千萬不可被集團的全體所奪目，應把目標鎖定在個人身上，並向他挑戰、辯論才好，因爲每個人的性格和想法均不同，不妨引出他的心聲。

只要能發現集團和個人思維之不同處，借由不斷地擴大它，使個人對集團的「忠誠度」崩潰瓦解，那麼要讓他願意背叛自己的團體，也非什麼難事了。

◆把「被支配」轉變爲「支配」的心理技巧——◆

責罵部屬或小孩時，應採用正確的批評基準

聽到悲嘆上司或雙親權威掃地聲以來已爲時久矣，的確，不把上司當上司的部屬，或不把雙親當雙親的孩子逐漸增加中，爲什麼他們不再畏懼權威，不再心服口服呢？經我觀察過上司和雙親的態度之後，才發現上司或雙親本人也應付起一部分責任。

而要使對方具有尊卑上下關係的意識，可以採用各種方法，但最爲拙劣的方法即是自恃自己的權威，不肯承認對方人權的方法，這種人採用命令式，一有機會就讓對方了解下命令的一方和聽命的一方的立場是截然不同的。但從個案中顯示，因此而招惹部屬的背叛在不情願中失去了上司的寶座。

另一方面，有的上司故意否定自己的權威，刻意取媚於對方，並且說什麼我才不重視上下指揮關係呢！也不說什麼上司和部屬，彷彿挺好商量般的，完全聽取對方所說的主張，還說若要使部屬發揮才能引起幹勁，最好是任由對方發揮其自主性，道理

說的沒錯，但其實最在意上下指揮關係，正是他們這些假惺惺的上司了。

前面二種方式雖然作風不同，不過雙方之間的共通點，正是對部屬並沒有正確的評價。前者的上司不管做什麼，總破口大罵，至於後者的上司則不管對方做什麼都是誇獎一番，任何一方均不具備值得令人肯定的評估標準，如此一來，難怪部屬不肯服從上司，不是一味退縮，再不然就是態度過於隨便。

關於此點，能幹的上司可以如意操縱部屬，主要是擁有牢不可拔的評價基準，時而誇獎，時而指責，仔細斟酌、恰到好處。若想在無意識裡加強支配與被支配者之間的關係，最有效是對部屬要有最公正的評價。

能幹的上司，有時要下令部屬去做超乎能力的工作，如此在下意識裡製造責罵部屬的機會，另一方面又刻意叫他去做簡單容易之事，拍拍他的肩膀說：「幹得好！」像此種作風，與其說可以引出部屬的幹勁，不如說是可以讓部屬清楚意識到支配和被支配者之關係的心理技巧。

愈是感慨小孩不聽話的父母，他們的作風愈是偏頗，一面嘴邊掛著快用功，如此嘮叨不停，一面又要小孩有好成績，但是他們始終不肯誇獎小孩，原因即在此。

◆把「不利的話」轉變爲「有利的話」的心理技巧——◆

對方如有任何煩惱或不滿，向他表示你理解的

據說對公司位居要職的人而言，沒有任何一段時間比起人事異動的那段時期來得令人頭痛不已且討厭了，雖然自以爲已經考慮周延，適材適所地決定人事案，可是在員工之中，仍有不少人對人事調動感到不滿，並解讀爲「貶調」。而他們到底使用哪些心理技巧，才可使那些不滿的員工能心服口服地接受公司的調派政策呢？

我在以前曾請教某大公司的人事經辦員，如何使被貶的員工能肯定公司政策的技巧？下面則是他說的方法：首先找一位員工與他促膝長談，內容不外乎是閒聊，一開始使對方愛說什麼就說什麼，並讓他儘情吐露，待對方說累之時才說：「你的心情我很了解。」據說有許多人在聽了此話之後，會有如釋重擔，顯出放鬆的表情。經過判斷，這是一個難得的大好時機，於是緊跟著說：「假如我站在你的立場，我會高高興興調到分公司去，那兒好處才多呢！由於人少沒有繁瑣的人際關係，可以充分發揮自

己的實力，被上司肯定的機會也多。其實因爲分公司的業績佳，而誤以爲我是站在他的立場才提供忠告的，並不是打從一開始就硬要他接受。」聽說他就是技巧地運用此一手法，幾乎是使所有員工均心服口服，毫無怨言地順利調到外埠去。

這種方法可以說在心理顧問上應用了「間接手法」（Non Directive），此一方法即是心理顧問專家，從頭到尾不發表自己的意見和感想，只是單純聽對方說話如此而已。人有許多時候只要能把心中的不滿和煩惱一吐爲快之後，發現被對方接受和肯定時，單單靠此心中的陰影就能煙消霧散了。因爲他感覺到對方已聽進他所說之話，並站在跟他相同的立場上，在他的心理上已獲得解放了。

電視協談專欄中，不難發現心理專家們嘴邊常說的一句話：「換作是我，就……。」例如在聽完爲離婚問題而煩惱不已的協談者，從頭到尾地訴說現狀之後，心理專家才慢條斯理地說：「換作是我，就會稍微忍耐一下。」聽了此話的協談者會照單全收地聽從他所說的話。可能是誤以爲「此人對我的煩惱，簡直是當自己的事一般設身處地爲我著想」。一旦產生了此種心理，緊接著而來的忠告，即使對協談者不利，也會誤以爲是有利的，不但照單聽進去，甚至全盤接受。

◆把「反感」轉變爲「感激」的心理技巧——◆

只罵小過失，而忽視大過錯

對一個軍人而言，最大的不名譽莫過於軍旗被敵人奪走。據說當年乃木希典大將軍在西南戰爭時，該連之隊旗曾被反亂軍奪走，可是前元帥的明治天皇並沒有指責乃木將軍，後來乃木將軍眞的印證了「士爲知己而死」的這句話，他在明治天皇駕崩之後也跟著殉死。

如果犯了大過錯，每一個人都會好好深切反省，例如職棒在爭奪冠軍的關鍵一戰中，九局後半，沒有人出局，比數是0比0，二壘上有人的狀況下，只見二壘跑者一個不經心被對方投出的牽制球刺殺……。萬一此時教練在其他選手面前嚴厲地責罵垂頭喪氣被刺殺的跑者，那麼那位選手一定羞愧得無地自容，而陷入了低潮中。反之教練若說：「Don't mind……。」來安慰選手，他會感激涕零，化羞愧爲力量，而爲了報答教練知遇之恩，終於在延長賽中漂亮地擊出一支再見全壘打。

只要是人，就都會犯錯，至於挨罵的程度則端看犯錯的大小，而有不同的方式。至於身為主管的人，必須顧及如何活用此次的錯誤，作為今後工作之借鏡。誰都會責罵屬下的不是，但問題是看你如何去罵？

最笨拙的方法是每一次犯錯，都使用相同的調子去指責，而站在部屬的感受上，不管犯了什麼錯，都變成錯誤→嘮嘮叨叨→錯誤→嘮嘮叨叨的機械式反應，所以他才不會去反省，彷彿船過水無痕一般，待風吹過一切又趨於平靜。以人性心理的特性而言，如果習慣了那種狀態之後，很難從中產生出意志和創造性。

此外，當部屬因犯錯而感到責無旁貸時，上司的一陣嘮叨責罵，反而使部屬對上司的信賴關係也消失殆盡了。

關於此點，善於頤指部屬的上司，會技巧地利用部屬所犯的錯，其中之一是平常的小過失，如一點點的計算錯誤要勤快地加以指正，若換作大過錯時，反而故意視若無睹，甚至還改以鼓勵的方法。

其實任何一個人如果犯了大過錯，心中早充滿了自責之念，遇此節骨眼，上司不但不責罵，反而鼓勵有加，那麼他的反省、自責，反而變成了感激之意。

◆把「消極的人」轉變爲「積極的人」的心理技巧◆

態度模稜兩可的人，替他準備「藉口」以消除他重責大任的壓力

有人雖嗜酒如命，可是他絕不會主動邀人去喝酒，若有別人邀請時，常回答：「陪你去一家酒店喝喝還無所謂！」或「恭敬不如從命」。如此，從不採取主動。反正同樣是喝酒，有時別人請，偶爾自己也要主動邀請別人去喝酒，但是這種人就辦不到。

說不定這正是日本人特有的心理，且日本人還有一種傾向，那就是拼命爲自己的行動找出歪理，以避免負責任。事實上他本人最愛喝酒了，卻硬是喜歡把自己的立場改爲由對方出面邀約，自己才假裝一副心不甘情不願地陪他喝酒的狀況。如果你有意讓對方偶爾也主動邀你的話，不管在有意或無意中，你要在表面上經過一道邀請對方的手續，也就是找一個台階給他下，先設定對方以後有「藉口」的狀況。

對於這種逃避責任傾向特別強的人，並不限於喝酒，連工作上的事也有關，其實

他自己滿懷意願要去做的事，也絕對不肯負起自己最後的責任，任何事都把責任推給別人，常常拿「我是奉課長之命而做的」，或「我是遵照部長的意見而已」等的免罪牌。

像涉及收受賄賂案件中的當事人，大半都是屬於這種性格的敗類。結果竟然落入顯而易見的「藉口」陷阱之中，對方會替他準備好藉口。

諸如：「課長你對我們公司的照顧眞是無微不至，無論怎麼報答均無法表示我們的謝意，這是一點小意思，特別爲你準備的，我們絕不認爲這點錢就足夠了，但請你務必先收下。」這樣的說辭，聽在耳中難免會陷入其中，既然對方都如此說了，反正我不收白不收的心理狀態中。

也就是說只要替他找藉口，所謂「消極的人」馬上搖身一變成爲「積極的人」。

對於欠缺積極主動性，且態度模稜兩可的對方，如果眞是屬於逃避責任類型的人，先決條件是搶先替他準備好「藉口」，以消除他的責任感，那麼，在大家談得志同道合之際，這種類型的人下次必定會主動出擊說：「怎麼樣，晚上要不要陪我喝兩杯！」

◆把「不誠實」轉變爲「誠實」的心理技巧————◆

萬一犯錯時，應誇大其事地道歉

據說被譽爲經營之神的松下幸之助，在其生前，從顧客的來信中會特別妥善保存訴苦埋怨的信件，而在他所寫的『經營心得』一書中曾記錄下他如何活用這些「申訴案件」的方法。

「我曾接到某所大學的教授寫來的一封信，內容是他們學校購買我們公司所生產的機器故障了，於是我很快地派了經辦的最高負責人特別跑一趟去處理此事。對方本來因爲機器故障了，非常生氣，但後來我們公司派出實際負責人親自說明，採取適當的處理方式，結果終於消除了對方的怒意而喜形於色，且漸漸對我們產生好感，甚至還告訴我們其他學系也有意購買，我們何不去推銷一番?可見對方的不滿竟與一樁新的生意環環相扣。」

任誰都會犯錯，但是看你如何去處理善後，也能把負面印象轉變爲正面印象。

一般人對於犯錯的對方，總會心生「既是此一程度之錯誤，當然要有誠意地道歉才是！」之「謝罪的期待水準」。

如果對方出乎我意料之外，誇大其事地謝罪道歉，那麼以前向對方所懷抱的負面感情，會變成心理上的負擔，而爲了要消除此一負擔，把對方改當好人看，藉以在無意識中取得心理的平衡。但如果對方的道歉程度比我方的期待水準還要低時，這時心理平衡會起反作用，向對方所產生之怒意及不信任感會與日俱增中。假定現在有二名罪犯，一個深切後悔自己的爲非作歹，那麼一般人對他總有一種放他一條生路的心情。至於另外一個罪犯則是一副天不怕，地不怕的態度，不知悔改，我們對他當然是有饒不得的想法，這也是人情之常，原因即在於此。

有人把這種人性心理逆向操作，雖然連半點誠意都沒有，卻使出渾身解數讓對方誤以爲他是一個很有誠意的人。例如，在公司裡犯了些小過失時，他故意提出辭呈以示負責。當然他本人並無意要辭職，只是遞上辭呈，然後再被慰留而已。在他的精打細算之下，公司當局會想「你何必那麼想不開呢！」而加以慰留。後來他勉強接受公司的慰留，他的表態作秀成功了，還贏得人們說：「那傢伙眞是個誠實的男子！」

◆把「討厭」轉變爲「半推半就」的心理技巧——◆

想說服女性時，必須造成能在不經心中碰觸到對方身體的狀況

引誘女性時，沒有一個男子會「不懂世故」到越過桌子去說服女性，其實並沒有花心的意思，只是遇到這種情況會跟女性並排而坐，造成能碰到女性身體的狀況，這算是一種常識。

有一位年輕的電視演員，以下是他得意洋洋地說出的經驗談，以今日社會風氣而言，隨便碰觸女性的身體算是一種性騷擾。可是他所說的話，在心理學上看來卻是有道理的。道理之一是當女性容許對方進入她的身體禁區中，表示已產生接受對方的心理準備，一旦身體被碰觸了，反而向對方產生親密感。一般而言女性是不擅長邏輯性思考的，且容易信賴感覺上、直覺上的判斷，所以非正攻式的「戰術」才奏效。

但不管如何，只要身體被碰觸，會產生接受對方的心理準備之變化，對男性而言並不多見，反而是女性特有的心理傾向。

以女性顧客爲對象的專業售貨員，他們常使我覺得他們在無意識中使用此一技巧。至於他們顯露身手的關鍵，在於如何刻意製造出「合法性」碰觸女性身體的機會。最好的證明是某本推銷書中介紹在一家高級女鞋專賣店內的資深推銷員的方法：即是在女客人試穿鞋子時，一面親切問：「會不會太緊，有沒有礙到你的腳？」另一面從鞋上溫柔地觸撲她的腳。

下面是另一位在某百貨公司的女裝專欄服務的男性店員告訴我的話，他說他還要在試穿室裡幫女性拉起背面的拉鍊呢！當然他能走到此一步驟，必要條件是解除女性的戒心，而他即是以碰觸女性身體的方法，贏得高銷售額且足以誇耀群倫，使他們望塵莫及。

因爲這種向女性攻略法，只要稍微走錯一步，即有可能適得其反，所以千萬不要輕易嘗試。有時只是給對方一點點的色狼印象，到此之前所辛苦建立的關係，一瞬間崩潰瓦解。如前面提到百貨公司女裝專櫃的資深店員也說過，十人中有七人適用此招，但其中也有完全不領情的女性顧客，這時千萬勉強不得，應以不理爲妙。這話可以說是懂得和女性周旋有多困難的人之「特殊技巧」吧！

◆把「強硬姿勢」轉變為「彈性姿勢」的心理技巧◆

先肯定對方的主張，以躲開他的怒意

英國律師寶施衛爾（Bozwell）所寫的傳記小說傑作『Samuel Johnson傳』，其中介紹一段趣談。

有一位婦人在Johnson所出版的字典中找到一個錯誤，她想她非得好好修理他一番不可，於是跑到Johnson家中去理論，她責問：「虧你還是當老師，這是怎麼一回事？」至於Johnson則一概不強辯，只是一味地道歉說：「真是對不起，說來真難為情，但對於你指正的地方，我完全沒發現！」原來來勢凶凶想訓斥Johnson的婦人，眼見他坦率承認錯誤，結果只好肯定對方的態度，悻悻然而歸。

此個案中錯誤是在Johnson的一方，但有時明明自己的理論是對的，若遇到怒不可遏的對方，你還拚命主張我是對的，只會使對方火上加油，怒火中燒地作結。這時最重要的態度是先肯定對方的主張。一般人都會有想說什麼就說什麼，先把心中的怒意一吐為快再說，之後才改變為「有彈性的姿勢」不妨聽聽對方怎麼說，這正是難得的大好機會，要趁機明快地顯示我方的主張，這時就算一開始來勢凶凶的對方，已崩潰而意外地肯定我方。

當時我曾接受輔導日本電訊電話公司有關電話費糾紛的協談工作。仔細一聽，該公司常遇到許多顧客向電話公司抗議接到金額龐大的電話費帳單，但是他根本沒有打。於是電話公司和用戶各持己說，互不退讓。到頭來用戶一氣之下拒不付款。這樣的案子層出不窮，所以來詢問我該如何解決。

經過我調查後發現，問題在職員的應對方式上，而最具有代表性的答案是：「我們是採用電腦處理的，根本不可能出差錯。」甚至還有人回答：「說不定是你家小孩偷打長途電話，而你不知道呢！」聽了此話，對方更是火上加油，像這種應對方式，不發生糾紛才怪呢！

後來我勸經辦人遇到這種狀況要告訴用戶：「我們公司會確實調查看看！」然後掛上電話，隔上一段空檔時間之後，再開始辦理交涉工作，將可無往不利。

大展出版社有限公司　圖書目錄

地址：台北市北投區(石牌)
致遠一路二段 12 巷 1 號
郵撥：0166955～1

電話：(02)28236031
28236033
傳真：(02)28272069

・法律專欄連載・電腦編號 58

台大法學院　法律學系／策劃
法律服務社／編著

1.	別讓您的權利睡著了 1	200 元
2.	別讓您的權利睡著了 2	200 元

・秘傳占卜系列・電腦編號 14

1.	手相術	淺野八郎著	180 元
2.	人相術	淺野八郎著	180 元
3.	西洋占星術	淺野八郎著	180 元
4.	中國神奇占卜	淺野八郎著	150 元
5.	夢判斷	淺野八郎著	150 元
6.	前世、來世占卜	淺野八郎著	150 元
7.	法國式血型學	淺野八郎著	150 元
8.	靈感、符咒學	淺野八郎著	150 元
9.	紙牌占卜學	淺野八郎著	150 元
10.	ESP 超能力占卜	淺野八郎著	150 元
11.	猶太數的秘術	淺野八郎著	150 元
12.	新心理測驗	淺野八郎著	160 元
13.	塔羅牌預言秘法	淺野八郎著	200 元

・趣味心理講座・電腦編號 15

1.	性格測驗① 探索男與女	淺野八郎著	140 元
2.	性格測驗② 透視人心奧秘	淺野八郎著	140 元
3.	性格測驗③ 發現陌生的自己	淺野八郎著	140 元
4.	性格測驗④ 發現你的真面目	淺野八郎著	140 元
5.	性格測驗⑤ 讓你們吃驚	淺野八郎著	140 元
6.	性格測驗⑥ 洞穿心理盲點	淺野八郎著	140 元
7.	性格測驗⑦ 探索對方心理	淺野八郎著	140 元
8.	性格測驗⑧ 由吃認識自己	淺野八郎著	160 元
9.	性格測驗⑨ 戀愛知多少	淺野八郎著	160 元
10.	性格測驗⑩ 由裝扮瞭解人心	淺野八郎著	160 元

11.	性格測驗⑪ 敲開內心玄機	淺野八郎著	140 元
12.	性格測驗⑫ 透視你的未來	淺野八郎著	160 元
13.	血型與你的一生	淺野八郎著	160 元
14.	趣味推理遊戲	淺野八郎著	160 元
15.	行為語言解析	淺野八郎著	160 元

·婦 幼 天 地· 電腦編號 16

1.	八萬人減肥成果	黃靜香譯	180 元
2.	三分鐘減肥體操	楊鴻儒譯	150 元
3.	窈窕淑女美髮秘訣	柯素娥譯	130 元
4.	使妳更迷人	成　玉譯	130 元
5.	女性的更年期	官舒妍編譯	160 元
6.	胎內育兒法	李玉瓊編譯	150 元
7.	早產兒袋鼠式護理	唐岱蘭譯	200 元
8.	初次懷孕與生產	婦幼天地編譯組	180 元
9.	初次育兒 12 個月	婦幼天地編譯組	180 元
10.	斷乳食與幼兒食	婦幼天地編譯組	180 元
11.	培養幼兒能力與性向	婦幼天地編譯組	180 元
12.	培養幼兒創造力的玩具與遊戲	婦幼天地編譯組	180 元
13.	幼兒的症狀與疾病	婦幼天地編譯組	180 元
14.	腿部苗條健美法	婦幼天地編譯組	180 元
15.	女性腰痛別忽視	婦幼天地編譯組	150 元
16.	舒展身心體操術	李玉瓊編譯	130 元
17.	三分鐘臉部體操	趙薇妮著	160 元
18.	生動的笑容表情術	趙薇妮著	160 元
19.	心曠神怡減肥法	川津祐介著	130 元
20.	內衣使妳更美麗	陳玄茹譯	130 元
21.	瑜伽美姿美容	黃靜香編著	180 元
22.	高雅女性裝扮學	陳珮玲譯	180 元
23.	蠶糞肌膚美顏法	坂梨秀子著	160 元
24.	認識妳的身體	李玉瓊譯	160 元
25.	產後恢復苗條體態	居理安・芙萊喬著	200 元
26.	正確護髮美容法	山崎伊久江著	180 元
27.	安琪拉美姿養生學	安琪拉蘭斯博瑞著	180 元
28.	女體性醫學剖析	增田豐著	220 元
29.	懷孕與生產剖析	岡部綾子著	180 元
30.	斷奶後的健康育兒	東城百合子著	220 元
31.	引出孩子幹勁的責罵藝術	多湖輝著	170 元
32.	培養孩子獨立的藝術	多湖輝著	170 元
33.	子宮肌瘤與卵巢囊腫	陳秀琳編著	180 元
34.	下半身減肥法	納他夏・史達賓著	180 元
35.	女性自然美容法	吳雅菁編著	180 元
36.	再也不發胖	池園悅太郎著	170 元

37. 生男生女控制術	中垣勝裕著	220 元
38. 使妳的肌膚更亮麗	楊　皓編著	170 元
39. 臉部輪廓變美	芝崎義夫著	180 元
40. 斑點、皺紋自己治療	高須克彌著	180 元
41. 面皰自己治療	伊藤雄康著	180 元
42. 隨心所欲瘦身冥想法	原久子著	180 元
43. 胎兒革命	鈴木丈織著	180 元
44. NS 磁氣平衡法塑造窈窕奇蹟	古屋和江著	180 元
45. 享瘦從腳開始	山田陽子著	180 元
46. 小改變瘦 4 公斤	宮本裕子著	180 元
47. 軟管減肥瘦身	高橋輝男著	180 元
48. 海藻精神秘美容法	劉名揚編著	180 元
49. 肌膚保養與脫毛	鈴木真理著	180 元
50. 10 天減肥 3 公斤	彤雲編輯組	180 元
51. 穿出自己的品味	西村玲子著	280 元

·青 春 天 地· 電腦編號 17

1. A 血型與星座	柯素娥編譯	160 元
2. B 血型與星座	柯素娥編譯	160 元
3. O 血型與星座	柯素娥編譯	160 元
4. AB 血型與星座	柯素娥編譯	120 元
5. 青春期性教室	呂貴嵐編譯	130 元
6. 事半功倍讀書法	王毅希編譯	150 元
7. 難解數學破題	宋釗宜編譯	130 元
9. 小論文寫作秘訣	林顯茂編譯	120 元
11. 中學生野外遊戲	熊谷康編著	120 元
12. 恐怖極短篇	柯素娥編譯	130 元
13. 恐怖夜話	小毛驢編譯	130 元
14. 恐怖幽默短篇	小毛驢編譯	120 元
15. 黑色幽默短篇	小毛驢編譯	120 元
16. 靈異怪談	小毛驢編譯	130 元
17. 錯覺遊戲	小毛驢編著	130 元
18. 整人遊戲	小毛驢編著	150 元
19. 有趣的超常識	柯素娥編譯	130 元
20. 哦！原來如此	林慶旺編譯	130 元
21. 趣味競賽 100 種	劉名揚編譯	120 元
22. 數學謎題入門	宋釗宜編譯	150 元
23. 數學謎題解析	宋釗宜編譯	150 元
24. 透視男女心理	林慶旺編譯	120 元
25. 少女情懷的自白	李桂蘭編譯	120 元
26. 由兄弟姊妹看命運	李玉瓊編譯	130 元
27. 趣味的科學魔術	林慶旺編譯	150 元
28. 趣味的心理實驗室	李燕玲編譯	150 元

29. 愛與性心理測驗	小毛驢編譯	130元
30. 刑案推理解謎	小毛驢編譯	180元
31. 偵探常識推理	小毛驢編譯	180元
32. 偵探常識解謎	小毛驢編譯	130元
33. 偵探推理遊戲	小毛驢編譯	130元
34. 趣味的超魔術	廖玉山編著	150元
35. 趣味的珍奇發明	柯素娥編著	150元
36. 登山用具與技巧	陳瑞菊編著	150元
37. 性的漫談	蘇燕謀編著	180元
38. 無的漫談	蘇燕謀編著	180元
39. 黑色漫談	蘇燕謀編著	180元
40. 白色漫談	蘇燕謀編著	180元

・健康天地・電腦編號 18

1. 壓力的預防與治療	柯素娥編譯	130元
2. 超科學氣的魔力	柯素娥編譯	130元
3. 尿療法治病的神奇	中尾良一著	130元
4. 鐵證如山的尿療法奇蹟	廖玉山譯	120元
5. 一日斷食健康法	葉慈容編譯	150元
6. 胃部強健法	陳炳崑譯	120元
7. 癌症早期檢查法	廖松濤譯	160元
8. 老人痴呆症防止法	柯素娥編譯	130元
9. 松葉汁健康飲料	陳麗芬編譯	130元
10. 揉肚臍健康法	永井秋夫著	150元
11. 過勞死、猝死的預防	卓秀貞編譯	130元
12. 高血壓治療與飲食	藤山順豐著	150元
13. 老人看護指南	柯素娥編譯	150元
14. 美容外科淺談	楊啟宏著	150元
15. 美容外科新境界	楊啟宏著	150元
16. 鹽是天然的醫生	西英司郎著	140元
17. 年輕十歲不是夢	梁瑞麟譯	200元
18. 茶料理治百病	桑野和民著	180元
19. 綠茶治病寶典	桑野和民著	150元
20. 杜仲茶養顏減肥法	西田博著	150元
21. 蜂膠驚人療效	瀨長良三郎著	180元
22. 蜂膠治百病	瀨長良三郎著	180元
23. 醫藥與生活(一)	鄭炳全著	180元
24. 鈣長生寶典	落合敏著	180元
25. 大蒜長生寶典	木下繁太郎著	160元
26. 居家自我健康檢查	石川恭三著	160元
27. 永恆的健康人生	李秀鈴譯	200元
28. 大豆卵磷脂長生寶典	劉雪卿譯	150元
29. 芳香療法	梁艾琳譯	160元

30. 醋長生寶典	柯素娥譯	180 元
31. 從星座透視健康	席拉・吉蒂斯著	180 元
32. 愉悅自在保健學	野本二士夫著	160 元
33. 裸睡健康法	丸山淳士等著	160 元
34. 糖尿病預防與治療	藤田順豐著	180 元
35. 維他命長生寶典	菅原明子著	180 元
36. 維他命 C 新效果	鐘文訓編	150 元
37. 手、腳病理按摩	堤芳朗著	160 元
38. AIDS 瞭解與預防	彼得塔歇爾著	180 元
39. 甲殼質殼聚糖健康法	沈永嘉譯	160 元
40. 神經痛預防與治療	木下真男著	160 元
41. 室內身體鍛鍊法	陳炳崑編著	160 元
42. 吃出健康藥膳	劉大器編著	180 元
43. 自我指壓術	蘇燕謀編著	160 元
44. 紅蘿蔔汁斷食療法	李玉瓊編著	150 元
45. 洗心術健康秘法	竺翠萍編譯	170 元
46. 枇杷葉健康療法	柯素娥編譯	180 元
47. 抗衰血癒	楊啟宏著	180 元
48. 與癌搏鬥記	逸見政孝著	180 元
49. 冬蟲夏草長生寶典	高橋義博著	170 元
50. 痔瘡・大腸疾病先端療法	宮島伸宜著	180 元
51. 膠布治癒頑固慢性病	加瀨建造著	180 元
52. 芝麻神奇健康法	小林貞作著	170 元
53. 香煙能防止癡呆?	高田明和著	180 元
54. 穀菜食治癌療法	佐藤成志著	180 元
55. 貼藥健康法	松原英多著	180 元
56. 克服癌症調和道呼吸法	帶津良一著	180 元
57. B 型肝炎預防與治療	野村喜重郎著	180 元
58. 青春永駐養生導引術	早島正雄著	180 元
59. 改變呼吸法創造健康	原久子著	180 元
60. 荷爾蒙平衡養生秘訣	出村博著	180 元
61. 水美肌健康法	井戶勝富著	170 元
62. 認識食物掌握健康	廖梅珠編著	170 元
63. 痛風劇痛消除法	鈴木吉彥著	180 元
64. 酸莖菌驚人療效	上田明彥著	180 元
65. 大豆卵磷脂治現代病	神津健一著	200 元
66. 時辰療法—危險時刻凌晨 4 時	呂建強等著	180 元
67. 自然治癒力提升法	帶津良一著	180 元
68. 巧妙的氣保健法	藤平墨子著	180 元
69. 治癒 C 型肝炎	熊田博光著	180 元
70. 肝臟病預防與治療	劉名揚編著	180 元
71. 腰痛平衡療法	荒井政信著	180 元
72. 根治多汗症、狐臭	稻葉益巳著	220 元
73. 40 歲以後的骨質疏鬆症	沈永嘉譯	180 元

74. 認識中藥	松下一成著	180 元
75. 認識氣的科學	佐佐木茂美著	180 元
76. 我戰勝了癌症	安田伸著	180 元
77. 斑點是身心的危險信號	中野進著	180 元
78. 艾波拉病毒大震撼	玉川重德著	180 元
79. 重新還我黑髮	桑名隆一郎著	180 元
80. 身體節律與健康	林博史著	180 元
81. 生薑治萬病	石原結實著	180 元
82. 靈芝治百病	陳瑞東著	180 元
83. 木炭驚人的威力	大槻彰著	200 元
84. 認識活性氧	井土貴司著	180 元
85. 深海鮫治百病	廖玉山編著	180 元
86. 神奇的蜂王乳	井上丹治著	180 元
87. 卡拉 OK 健腦法	東潔著	180 元
88. 卡拉 OK 健康法	福田伴男著	180 元
89. 醫藥與生活(二)	鄭炳全著	200 元
90. 洋蔥治百病	宮尾興平著	180 元
91. 年輕 10 歲快步健康法	石塚忠雄著	180 元
92. 石榴的驚人神效	岡本順子著	180 元
93. 飲料健康法	白鳥早奈英著	180 元
94. 健康棒體操	劉名揚編譯	180 元
95. 催眠健康法	蕭京凌編著	180 元
96. 鬱金（美王）治百病	水野修一著	180 元

・實用女性學講座・電腦編號 19

1. 解讀女性內心世界	島田一男著	150 元
2. 塑造成熟的女性	島田一男著	150 元
3. 女性整體裝扮學	黃靜香編著	180 元
4. 女性應對禮儀	黃靜香編著	180 元
5. 女性婚前必修	小野十傳著	200 元
6. 徹底瞭解女人	田口二州著	180 元
7. 拆穿女性謊言 88 招	島田一男著	200 元
8. 解讀女人心	島田一男著	200 元
9. 俘獲女性絕招	志賀貢著	200 元
10. 愛情的壓力解套	中村理英子著	200 元
11. 妳是人見人愛的女孩	廖松濤編著	200 元

・校園系列・電腦編號 20

1. 讀書集中術	多湖輝著	150 元
2. 應考的訣竅	多湖輝著	150 元
3. 輕鬆讀書贏得聯考	多湖輝著	150 元

4.	讀書記憶秘訣	多湖輝著	150 元
5.	視力恢復！超速讀術	江錦雲譯	180 元
6.	讀書 36 計	黃柏松編著	180 元
7.	驚人的速讀術	鐘文訓編著	170 元
8.	學生課業輔導良方	多湖輝著	180 元
9.	超速讀超記憶法	廖松濤編著	180 元
10.	速算解題技巧	宋釗宜編著	200 元
11.	看圖學英文	陳炳崑編著	200 元
12.	讓孩子最喜歡數學	沈永嘉譯	180 元
13.	催眠記憶術	林碧清譯	180 元
14.	催眠速讀術	林碧清譯	180 元

・實用心理學講座・電腦編號 21

1.	拆穿欺騙伎倆	多湖輝著	140 元
2.	創造好構想	多湖輝著	140 元
3.	面對面心理術	多湖輝著	160 元
4.	偽裝心理術	多湖輝著	140 元
5.	透視人性弱點	多湖輝著	140 元
6.	自我表現術	多湖輝著	180 元
7.	不可思議的人性心理	多湖輝著	180 元
8.	催眠術入門	多湖輝著	150 元
9.	責罵部屬的藝術	多湖輝著	150 元
10.	精神力	多湖輝著	150 元
11.	厚黑說服術	多湖輝著	150 元
12.	集中力	多湖輝著	150 元
13.	構想力	多湖輝著	150 元
14.	深層心理術	多湖輝著	160 元
15.	深層語言術	多湖輝著	160 元
16.	深層說服術	多湖輝著	180 元
17.	掌握潛在心理	多湖輝著	160 元
18.	洞悉心理陷阱	多湖輝著	180 元
19.	解讀金錢心理	多湖輝著	180 元
20.	拆穿語言圈套	多湖輝著	180 元
21.	語言的內心玄機	多湖輝著	180 元
22.	積極力	多湖輝著	180 元

・超現實心理講座・電腦編號 22

1.	超意識覺醒法	詹蔚芬編譯	130 元
2.	護摩秘法與人生	劉名揚編譯	130 元
3.	秘法！超級仙術入門	陸明譯	150 元
4.	給地球人的訊息	柯素娥編著	150 元

5. 密教的神通力	劉名揚編著	130 元
6. 神秘奇妙的世界	平川陽一著	200 元
7. 地球文明的超革命	吳秋嬌譯	200 元
8. 力量石的秘密	吳秋嬌譯	180 元
9. 超能力的靈異世界	馬小莉譯	200 元
10. 逃離地球毀滅的命運	吳秋嬌譯	200 元
11. 宇宙與地球終結之謎	南山宏著	200 元
12. 驚世奇功揭秘	傅起鳳著	200 元
13. 啟發身心潛力心象訓練法	栗田昌裕著	180 元
14. 仙道術遁甲法	高藤聰一郎著	220 元
15. 神通力的秘密	中岡俊哉著	180 元
16. 仙人成仙術	高藤聰一郎著	200 元
17. 仙道符咒氣功法	高藤聰一郎著	220 元
18. 仙道風水術尋龍法	高藤聰一郎著	200 元
19. 仙道奇蹟超幻像	高藤聰一郎著	200 元
20. 仙道鍊金術房中法	高藤聰一郎著	200 元
21. 奇蹟超醫療治癒難病	深野一幸著	220 元
22. 揭開月球的神秘力量	超科學研究會	180 元
23. 西藏密教奧義	高藤聰一郎著	250 元
24. 改變你的夢術入門	高藤聰一郎著	250 元
25. 21 世紀拯救地球超技術	深野一幸著	250 元

・養 生 保 健・電腦編號 23

1. 醫療養生氣功	黃孝寬著	250 元
2. 中國氣功圖譜	余功保著	230 元
3. 少林醫療氣功精粹	井玉蘭著	250 元
4. 龍形實用氣功	吳大才等著	220 元
5. 魚戲增視強身氣功	宮　嬰著	220 元
6. 嚴新氣功	前新培金著	250 元
7. 道家玄牝氣功	張　章著	200 元
8. 仙家秘傳袪病功	李遠國著	160 元
9. 少林十大健身功	秦慶豐著	180 元
10. 中國自控氣功	張明武著	250 元
11. 醫療防癌氣功	黃孝寬著	250 元
12. 醫療強身氣功	黃孝寬著	250 元
13. 醫療點穴氣功	黃孝寬著	250 元
14. 中國八卦如意功	趙維漢著	180 元
15. 正宗馬禮堂養氣功	馬禮堂著	420 元
16. 秘傳道家筋經內丹功	王慶餘著	280 元
17. 三元開慧功	辛桂林著	250 元
18. 防癌治癌新氣功	郭　林著	180 元
19. 禪定與佛家氣功修煉	劉天君著	200 元
20. 顛倒之術	梅自強著	360 元

21. 簡明氣功辭典	吳家駿編	360 元
22. 八卦三合功	張全亮著	230 元
23. 朱砂掌健身養生功	楊永著	250 元
24. 抗老功	陳九鶴著	230 元
25. 意氣按穴排濁自療法	黃啟運編著	250 元
26. 陳式太極拳養生功	陳正雷著	200 元
27. 健身祛病小功法	王培生著	200 元
28. 張式太極混元功	張春銘著	250 元

・社會人智囊・電腦編號 24

1. 糾紛談判術	清水增三著	160 元
2. 創造關鍵術	淺野八郎著	150 元
3. 觀人術	淺野八郎著	180 元
4. 應急詭辯術	廖英迪編著	160 元
5. 天才家學習術	木原武一著	160 元
6. 貓型狗式鑑人術	淺野八郎著	180 元
7. 逆轉運掌握術	淺野八郎著	180 元
8. 人際圓融術	澀谷昌三著	160 元
9. 解讀人心術	淺野八郎著	180 元
10. 與上司水乳交融術	秋元隆司著	180 元
11. 男女心態定律	小田晉著	180 元
12. 幽默說話術	林振輝編著	200 元
13. 人能信賴幾分	淺野八郎著	180 元
14. 我一定能成功	李玉瓊譯	180 元
15. 獻給青年的嘉言	陳蒼杰譯	180 元
16. 知人、知面、知其心	林振輝編著	180 元
17. 塑造堅強的個性	坂上肇著	180 元
18. 為自己而活	佐藤綾子著	180 元
19. 未來十年與愉快生活有約	船井幸雄著	180 元
20. 超級銷售話術	杜秀卿譯	180 元
21. 感性培育術	黃靜香編著	180 元
22. 公司新鮮人的禮儀規範	蔡媛惠譯	180 元
23. 傑出職員鍛鍊術	佐佐木正著	180 元
24. 面談獲勝戰略	李芳黛譯	180 元
25. 金玉良言撼人心	森純大著	180 元
26. 男女幽默趣典	劉華亭編著	180 元
27. 機智說話術	劉華亭編著	180 元
28. 心理諮商室	柯素娥譯	180 元
29. 如何在公司崢嶸頭角	佐佐木正著	180 元
30. 機智應對術	李玉瓊編著	200 元
31. 克服低潮良方	坂野雄二著	180 元
32. 智慧型說話技巧	沈永嘉編著	180 元
33. 記憶力、集中力增進術	廖松濤編著	180 元

34. 女職員培育術	林慶旺編著	180元
35. 自我介紹與社交禮儀	柯素娥編著	180元
36. 積極生活創幸福	田中真澄著	180元
37. 妙點子超構想	多湖輝著	180元
38. 說NO的技巧	廖玉山編著	180元
39. 一流說服力	李玉瓊編著	180元
40. 般若心經成功哲學	陳鴻蘭編著	180元
41. 訪問推銷術	黃靜香編著	180元
42. 男性成功秘訣	陳蒼杰編著	180元
43. 笑容、人際智商	宮川澄子著	180元
44. 多湖輝的構想工作室	多湖輝著	200元
45. 名人名語啟示錄	喬家楓著	180元
46. 口才必勝術	黃柏松編著	220元
47. 能言善道的說話術	章智冠編著	180元

・精 選 系 列・電腦編號25

1. 毛澤東與鄧小平	渡邊利夫等著	280元
2. 中國大崩裂	江戶介雄著	180元
3. 台灣・亞洲奇蹟	上村幸治著	220元
4. 7-ELEVEN高盈收策略	國友隆一著	180元
5. 台灣獨立（新・中國日本戰爭一）	森詠著	200元
6. 迷失中國的末路	江戶雄介著	220元
7. 2000年5月全世界毀滅	紫藤甲子男著	180元
8. 失去鄧小平的中國	小島朋之著	220元
9. 世界史爭議性異人傳	桐生操著	200元
10. 淨化心靈享人生	松濤弘道著	220元
11. 人生心情診斷	賴藤和寬著	220元
12. 中美大決戰	檜山良昭著	220元
13. 黃昏帝國美國	莊雯琳譯	220元
14. 兩岸衝突（新・中國日本戰爭二）	森詠著	220元
15. 封鎖台灣（新・中國日本戰爭三）	森詠著	220元
16. 中國分裂（新・中國日本戰爭四）	森詠著	220元
17. 由女變男的我	虎井正衛著	200元
18. 佛學的安心立命	松濤弘道著	220元
19. 世界喪禮大觀	松濤弘道著	280元

・運 動 遊 戲・電腦編號26

1. 雙人運動	李玉瓊譯	160元
2. 愉快的跳繩運動	廖玉山譯	180元
3. 運動會項目精選	王佑京譯	150元
4. 肋木運動	廖玉山譯	150元

5. 測力運動　王佑宗譯　150 元
6. 游泳入門　唐桂萍編著　200 元

・休閒娛樂・電腦編號 27

1. 海水魚飼養法　田中智浩著　300 元
2. 金魚飼養法　曾雪玫譯　250 元
3. 熱門海水魚　毛利匡明著　480 元
4. 愛犬的教養與訓練　池田好雄著　250 元
5. 狗教養與疾病　杉浦哲著　220 元
6. 小動物養育技巧　三上昇著　300 元
7. 水草選擇、培育、消遣　安齊裕司著　300 元
20. 園藝植物管理　船越亮二著　220 元
40. 撲克牌遊戲與贏牌秘訣　林振輝編著　180 元
41. 撲克牌魔術、算命、遊戲　林振輝編著　180 元
42. 撲克占卜入門　王家成編著　180 元
50. 兩性幽默　幽默選集編輯組　180 元
51. 異色幽默　幽默選集編輯組　180 元

・銀髮族智慧學・電腦編號 28

1. 銀髮六十樂逍遙　多湖輝著　170 元
2. 人生六十反年輕　多湖輝著　170 元
3. 六十歲的決斷　多湖輝著　170 元
4. 銀髮族健身指南　孫瑞台編著　250 元
5. 退休後的夫妻健康生活　施聖茹譯　200 元

・飲食保健・電腦編號 29

1. 自己製作健康茶　大海淳著　220 元
2. 好吃、具藥效茶料理　德永睦子著　220 元
3. 改善慢性病健康藥草茶　吳秋嬌譯　200 元
4. 藥酒與健康果菜汁　成玉編著　250 元
5. 家庭保健養生湯　馬汴梁編著　220 元
6. 降低膽固醇的飲食　早川和志著　200 元
7. 女性癌症的飲食　女子營養大學　280 元
8. 痛風者的飲食　女子營養大學　280 元
9. 貧血者的飲食　女子營養大學　280 元
10. 高脂血症者的飲食　女子營養大學　280 元
11. 男性癌症的飲食　女子營養大學　280 元
12. 過敏者的飲食　女子營養大學　280 元
13. 心臟病的飲食　女子營養大學　280 元
14. 滋陰壯陽的飲食　王增著　220 元

15. 胃、十二指腸潰瘍的飲食	勝健一等著	280 元
16. 肥胖者的飲食	雨宮禎子等著	280 元

・家庭醫學保健・電腦編號 30

1. 女性醫學大全	雨森良彥著	380 元
2. 初為人父育兒寶典	小瀧周曹著	220 元
3. 性活力強健法	相建華著	220 元
4. 30 歲以上的懷孕與生產	李芳黛編著	220 元
5. 舒適的女性更年期	野末悅子著	200 元
6. 夫妻前戲的技巧	笠井寬司著	200 元
7. 病理足穴按摩	金慧明著	220 元
8. 爸爸的更年期	河野孝旺著	200 元
9. 橡皮帶健康法	山田晶著	180 元
10. 三十三天健美減肥	相建華等著	180 元
11. 男性健美入門	孫玉祿編著	180 元
12. 強化肝臟秘訣	主婦の友社編	200 元
13. 了解藥物副作用	張果馨譯	200 元
14. 女性醫學小百科	松山榮吉著	200 元
15. 左轉健康法	龜田修等著	200 元
16. 實用天然藥物	鄭炳全編著	260 元
17. 神秘無痛平衡療法	林宗駛著	180 元
18. 膝蓋健康法	張果馨譯	180 元
19. 針灸治百病	葛書翰著	250 元
20. 異位性皮膚炎治癒法	吳秋嬌譯	220 元
21. 禿髮白髮預防與治療	陳炳崑編著	180 元
22. 埃及皇宮菜健康法	飯森薰著	200 元
23. 肝臟病安心治療	上野幸久著	220 元
24. 耳穴治百病	陳抗美等著	250 元
25. 高效果指壓法	五十嵐康彥著	200 元
26. 瘦水、胖水	鈴木園子著	200 元
27. 手針新療法	朱振華著	200 元
28. 香港腳預防與治療	劉小惠譯	250 元
29. 智慧飲食吃出健康	柯富陽編著	200 元
30. 牙齒保健法	廖玉山編著	200 元
31. 恢復元氣養生食	張果馨譯	200 元
32. 特效推拿按摩術	李玉田著	200 元
33. 一週一次健康法	若狹真著	200 元
34. 家常科學膳食	大塚滋著	220 元
35. 夫妻們關心的男性不孕	原利夫著	220 元
36. 自我瘦身美容	馬野詠子著	200 元
37. 魔法姿勢益健康	五十嵐康彥著	200 元
38. 眼病錘療法	馬栩周著	200 元
39. 預防骨質疏鬆症	藤田拓男著	200 元

40.	骨質增生效驗方	李吉茂編著	250 元
41.	蕺菜健康法	小林正夫著	200 元
42.	赧於啟齒的男性煩惱	增田豐著	220 元
43.	簡易自我健康檢查	稻葉允著	250 元
44.	實用花草健康法	友田純子著	200 元
45.	神奇的手掌療法	日比野喬著	230 元
46.	家庭式三大穴道療法	刑部忠和著	200 元
47.	子宮癌、卵巢癌	岡島弘幸著	220 元
48.	糖尿病機能性食品	劉雪卿編著	220 元
49.	奇蹟活現經脈美容法	林振輝編譯	200 元
50.	Super SEX	秋好憲一著	220 元
51.	了解避孕丸	林玉佩譯	200 元
52.	有趣的遺傳學	蕭京凌編著	200 元
53.	強身健腦手指運動	羅群等著	250 元

・超經營新智慧・電腦編號 31

1.	躍動的國家越南	林雅倩譯	250 元
2.	甦醒的小龍菲律賓	林雅倩譯	220 元
3.	中國的危機與商機	中江要介著	250 元
4.	在印度的成功智慧	山內利男著	220 元
5.	7-ELEVEN 大革命	村上豐道著	200 元
6.	業務員成功秘方	呂育清編著	200 元
7.	在亞洲成功的智慧	鈴木讓二著	220 元

・親子系列・電腦編號 32

1.	如何使孩子出人頭地	多湖輝著	200 元
2.	心靈啟蒙教育	多湖輝著	280 元

・雅致系列・電腦編號 33

1.	健康食譜春冬篇	丸元淑生著	200 元
2.	健康食譜夏秋篇	丸元淑生著	200 元
3.	純正家庭料理	陳建民等著	200 元
4.	家庭四川菜	陳建民著	200 元
5.	醫食同源健康美食	郭長聚著	200 元
6.	家族健康食譜	東畑朝子著	200 元

・美術系列・電腦編號 34

1.	可愛插畫集	鉛筆等著	220 元
2.	人物插畫集	鉛筆等著	元

・心靈雅集・電腦編號 00

1. 禪言佛語看人生	松濤弘道著	180 元
2. 禪密教的奧秘	葉逯謙譯	120 元
3. 觀音大法力	田口日勝著	120 元
4. 觀音法力的大功德	田口日勝著	120 元
5. 達摩禪 106 智慧	劉華亭編譯	220 元
6. 有趣的佛教研究	葉逯謙編譯	170 元
7. 夢的開運法	蕭京凌譯	130 元
8. 禪學智慧	柯素娥編譯	130 元
9. 女性佛教入門	許俐萍譯	110 元
10. 佛像小百科	心靈雅集編譯組	130 元
11. 佛教小百科趣談	心靈雅集編譯組	120 元
12. 佛教小百科漫談	心靈雅集編譯組	150 元
13. 佛教知識小百科	心靈雅集編譯組	150 元
14. 佛學名言智慧	松濤弘道著	220 元
15. 釋迦名言智慧	松濤弘道著	220 元
16. 活人禪	平田精耕著	120 元
17. 坐禪入門	柯素娥編譯	150 元
18. 現代禪悟	柯素娥編譯	130 元
19. 道元禪師語錄	心靈雅集編譯組	130 元
20. 佛學經典指南	心靈雅集編譯組	130 元
21. 何謂「生」阿含經	心靈雅集編譯組	150 元
22. 一切皆空　般若心經	心靈雅集編譯組	180 元
23. 超越迷惘　法句經	心靈雅集編譯組	130 元
24. 開拓宇宙觀　華嚴經	心靈雅集編譯組	180 元
25. 真實之道　法華經	心靈雅集編譯組	130 元
26. 自由自在　涅槃經	心靈雅集編譯組	130 元
27. 沈默的教示　維摩經	心靈雅集編譯組	150 元
28. 開通心眼　佛語佛戒	心靈雅集編譯組	130 元
29. 揭秘寶庫　密教經典	心靈雅集編譯組	180 元
30. 坐禪與養生	廖松濤譯	110 元
31. 釋尊十戒	柯素娥編譯	120 元
32. 佛法與神通	劉欣如編著	120 元
33. 悟（正法眼藏的世界）	柯素娥編譯	120 元
34. 只管打坐	劉欣如編著	120 元
35. 喬答摩・佛陀傳	劉欣如編著	120 元
36. 唐玄奘留學記	劉欣如編著	120 元
37. 佛教的人生觀	劉欣如編譯	110 元
38. 無門關(上卷)	心靈雅集編譯組	150 元
39. 無門關(下卷)	心靈雅集編譯組	150 元
40. 業的思想	劉欣如編著	130 元
41. 佛法難學嗎	劉欣如著	140 元

42. 佛法實用嗎	劉欣如著	140 元
43. 佛法殊勝嗎	劉欣如著	140 元
44. 因果報應法則	李常傳編	180 元
45. 佛教醫學的奧秘	劉欣如編著	150 元
46. 紅塵絕唱	海　若著	130 元
47. 佛教生活風情	洪丕謨、姜玉珍著	220 元
48. 行住坐臥有佛法	劉欣如著	160 元
49. 起心動念是佛法	劉欣如著	160 元
50. 四字禪語	曹洞宗青年會	200 元
51. 妙法蓮華經	劉欣如編著	160 元
52. 根本佛教與大乘佛教	葉作森編	180 元
53. 大乘佛經	定方晟著	180 元
54. 須彌山與極樂世界	定方晟著	180 元
55. 阿闍世的悟道	定方晟著	180 元
56. 金剛經的生活智慧	劉欣如著	180 元
57. 佛教與儒教	劉欣如編譯	180 元
58. 佛教史入門	劉欣如編譯	180 元
59. 印度佛教思想史	劉欣如編譯	200 元
60. 佛教與女姓	劉欣如編譯	180 元
61. 禪與人生	洪丕謨主編	260 元

・經 營 管 理・電腦編號 01

◎ 創新經營管理六十六大計(精)	蔡弘文編	780 元
1. 如何獲取生意情報	蘇燕謀譯	110 元
2. 經濟常識問答	蘇燕謀譯	130 元
4. 台灣商戰風雲錄	陳中雄著	120 元
5. 推銷大王秘錄	原一平著	180 元
6. 新創意・賺大錢	王家成譯	90 元
7. 工廠管理新手法	琪　輝著	120 元
10. 美國實業 24 小時	柯順隆譯	80 元
11. 撼動人心的推銷法	原一平著	150 元
12. 高竿經營法	蔡弘文編	120 元
13. 如何掌握顧客	柯順隆譯	150 元
17. 一流的管理	蔡弘文編	150 元
18. 外國人看中韓經濟	劉華亭譯	150 元
20. 突破商場人際學	林振輝編著	90 元
22. 如何使女人打開錢包	林振輝編著	100 元
24. 小公司經營策略	王嘉誠著	160 元
25. 成功的會議技巧	鐘文訓編譯	100 元
26. 新時代老闆學	黃柏松編著	100 元
27. 如何創造商場智囊團	林振輝編譯	150 元
28. 十分鐘推銷術	林振輝編譯	180 元
29. 五分鐘育才	黃柏松編譯	100 元

33.自我經濟學	廖松濤編譯	100元
34.一流的經營	陶田生編著	120元
35.女性職員管理術	王昭國編譯	120元
36.ＩＢＭ的人事管理	鐘文訓編譯	150元
37.現代電腦常識	王昭國編譯	150元
38.電腦管理的危機	鐘文訓編譯	120元
39.如何發揮廣告效果	王昭國編譯	150元
40.最新管理技巧	王昭國編譯	150元
41.一流推銷術	廖松濤編譯	150元
42.包裝與促銷技巧	王昭國編譯	130元
43.企業王國指揮塔	松下幸之助著	120元
44.企業精銳兵團	松下幸之助著	120元
45.企業人事管理	松下幸之助著	100元
46.華僑經商致富術	廖松濤編譯	130元
47.豐田式銷售技巧	廖松濤編譯	180元
48.如何掌握銷售技巧	王昭國編著	130元
50.洞燭機先的經營	鐘文訓編譯	150元
52.新世紀的服務業	鐘文訓編譯	100元
53.成功的領導者	廖松濤編譯	120元
54.女推銷員成功術	李玉瓊編譯	130元
55.ＩＢＭ人才培育術	鐘文訓編譯	100元
56.企業人自我突破法	黃琪輝編著	150元
58.財富開發術	蔡弘文編著	130元
59.成功的店舖設計	鐘文訓編著	150元
61.企管回春法	蔡弘文編著	130元
62.小企業經營指南	鐘文訓編譯	100元
63.商場致勝名言	鐘文訓編譯	150元
64.迎接商業新時代	廖松濤編譯	100元
66.新手股票投資入門	何朝乾編著	200元
67.上揚股與下跌股	何朝乾編譯	180元
68.股票速成學	何朝乾編譯	200元
69.理財與股票投資策略	黃俊豪編著	180元
70.黃金投資策略	黃俊豪編著	180元
71.厚黑管理學	廖松濤編譯	180元
72.股市致勝格言	呂梅莎編譯	180元
73.透視西武集團	林谷燁編譯	150元
76.巡迴行銷術	陳蒼杰譯	150元
77.推銷的魔術	王嘉誠譯	120元
78.60秒指導部屬	周蓮芬編譯	150元
79.精銳女推銷員特訓	李玉瓊編譯	130元
80.企劃、提案、報告圖表的技巧	鄭汶譯	180元
81.海外不動產投資	許達守編譯	150元
82.八百伴的世界策略	李玉瓊譯	150元
83.服務業品質管理	吳宜芬譯	180元

國家圖書館出版品預行編目資料

改變人心成爲贏家/多湖輝著；沈永嘉譯
——初版，——臺北市，大展，1999〔民88〕
207面；21公分，——（社會人智囊；48）
譯自：人の心を變ぇる心理術
ISBN 957-557-923-2（平裝）

1.應用心理學
177　　88005155

原　書　名：人の心を變ぇる心理術
原 著 作 者：多湖輝 © Akira Tago 1996
原 出 版 者：株式會社　ごま書房
版 權 仲 介：宏儒企業有限公司

改變人心成為贏家

ISBN 957-557-923-2
原 著 者/ 多　湖　輝
編 譯 者/ 沈　永　嘉
發 行 人/ 蔡　森　明
出 版 者/ 大展出版社有限公司
社　　址/ 台北市北投區（石牌）致遠一路2段12巷1號
電　　話/（02）28236031・28236033
傳　　真/（02）28272069
郵政劃撥/ 0166955-1
登 記 證/ 局版臺業字第2171號
承 印 者/ 國順文具印刷行
裝　　訂/ 嶸興裝訂有限公司
排 版 者/ 弘益電腦排版有限公司
電　　話/（02）27403609・27112792
初版　/ 1999年（民88年）6月
初版1刷/ 1999年（民88年）8月
定　價/ 200元

大展好書 好書大展